I0705104

El Lado Oscuro de la IA: Cómo los Algoritmos Están Decidiendo Tu Futuro

(Y Deberías Preocuparte)

Alice A. Siman

ISBN: 9798340488329

DEDICATORIA

Para ti, mi hija, mi luz y mi razón.

En tu mirada veo el reflejo de lo más puro que hay en mi corazón, y es por ti que lucho, sin descanso, por un mundo mejor.

Todo lo que hago, cada palabra que escribo, es para dejarte un futuro más justo, donde lo que estoy creando sirva a las personas y no al revés.

Quiero que crezcas en un lugar donde siempre tengas la libertad de ser, de cuestionar, y de seguir tu propio camino, sea cual sea mientras sea tuyo.

Te quiero con toda mi alma, y es por ti que sigo adelante, siempre.

Con amor infinito,
Mamá Alice

.

CONTENIDO

AGRADECIMIENTOS

¿Quién soy?

Soy **Alice A. Siman**, y si estás leyendo esto, es porque probablemente ya te han vendido la idea de que la inteligencia artificial es la solución mágica para todo.

Sorpresa: **no lo es**.

Llevo tiempo trabajando en **ciencia de datos** y desarrollando **modelos de IA**, y te puedo decir con total certeza que detrás de cada "revolución tecnológica" hay una buena dosis de **fallos, sesgos** y responsabilidades que nadie quiere asumir.

Las empresas, como siempre, quieren venderte que la tecnología es neutra, eficiente, y que la IA arreglará todos tus problemas. La realidad es que **solo agrava los sesgos** que ya están ahí, solo que ahora con un barniz de "innovación" y "eficiencia"... **si no lo aplicas correctamente.**

He trabajado desde las trincheras implementando IA en el sector privado, donde los errores cuestan millones. Y también he visto cómo la tecnología interactúa con **el sector gubernamental**, donde los fallos **no solo cuestan dinero, sino marca y a veces, cuesta vidas.**

En este mundo, si no lo haces bien desde el principio, acabas creando un desastre a escala masiva.

No soy una escéptica tecnológica. Al contrario,

reconozco el inmenso potencial que la inteligencia artificial tiene para transformar nuestras sociedades de maneras que, hasta hace poco, solo podíamos imaginar. La IA puede revolucionar la medicina, hacer más eficientes nuestras ciudades, resolver crisis globales como el cambio climático y, en el proceso, mejorar la vida de millones de personas. **Pero no podemos abrazar esta tecnología a ciegas, sin cuestionar sus implicaciones.** La inteligencia artificial es una herramienta poderosa, y como toda herramienta de gran poder, su uso debe estar rodeado de medidas éticas y de seguridad rigurosas. Si dejamos que la IA evolucione sin regulación adecuada, sin principios morales que la guíen y sin supervisión humana crítica, estamos abriendo la puerta a un peligroso escenario donde las máquinas toman decisiones sobre aspectos fundamentales de nuestras vidas —o incluso de nuestra supervivencia— sin que entendamos completamente las consecuencias.

Es urgente que enfoquemos el desarrollo de la IA con responsabilidad, para asegurarnos de que sea un aliado en nuestro futuro, y no una amenaza silenciosa.

Y si no lo entiendes ahora, lo vas a entender cuando el sistema te dé la espalda. He visto a demasiadas empresas vender humo con IA y a demasiados gobiernos **subirse al tren sin frenos** de la transformación digital sin pensar en las consecuencias.

Este libro no es otra oda a la **maravilla tecnológica** que la IA supuestamente representa. Es un desmantelamiento de esa narrativa. Vamos a hablar de **los sesgos que nadie quiere ver**, de **las responsabilidades que todos evaden** y de **las consecuencias reales** que ya están aquí, aunque prefiramos no hablar de ellas.

Porque si seguimos caminando ciegos hacia el futuro de la IA, **estamos caminando hacia un desastre...**

Y como siempre, yo no pienso quedarme callada mientras eso ocurre.

Vamos a desmantelar la idea de la inteligencia artificial como una solución mágica.

Vamos a explorar los sesgos que nadie quiere ver, las responsabilidades que nadie quiere asumir y las consecuencias que ya están aquí, aunque prefiramos no hablar de ellas.

Porque la verdad es esta: **si no somos capaces de diseñar, regular y usar la IA de manera ética y responsable, estaremos construyendo un futuro más injusto, más opaco y más peligroso del que jamás podríamos imaginar.**

PRÓLOGO

Nos han vendido una mentira. Nos dijeron que los algoritmos son imparciales, que la inteligencia artificial no tiene sesgos, que al ser "creaciones de la lógica matemática" están por encima de los prejuicios humanos.

Pero aquí estamos, rodeados de decisiones automatizadas más sesgadas que una junta directiva de hace cincuenta años.

La narrativa de que la IA es neutral es cómoda. Le encanta a las grandes corporaciones y a los gobiernos que prefieren culpar a una máquina antes que reconocer sus propios fallos. **¿La IA tomó una decisión racista o sexista? No es culpa de nadie, es solo un algoritmo.** Claro, un algoritmo que alguien programó, entrenó y alimentó con datos llenos de los mismos sesgos que están incrustados en cada rincón de nuestra sociedad. Pero qué conveniente es esconderse detrás de la **"neutralidad tecnológica"** cuando se trata de repartir culpas.

El verdadero problema aquí no es que los algoritmos estén sesgados. **El problema es que pretendemos que no lo están.** Nos encanta creer en la fantasía de la objetividad algorítmica porque nos exime de responsabilidad. Pero cuando las decisiones que afectan la vida de millones de personas —empleo, justicia, salud, incluso libertad— se dejan en manos de sistemas que no entendemos completamente, que no controlamos y que ni siquiera sabemos auditar, tenemos que enfrentar una verdad incómoda: **la IA no es neutral, y nunca lo será.**

La inteligencia artificial es simplemente un espejo.

Refleja lo peor de nosotros con una precisión escalofriante, amplificando prejuicios, perpetuando desigualdades y tomando decisiones que ni siquiera los propios humanos nos atreveríamos a asumir con tanto descaro. Decisiones que impactan vidas enteras en milisegundos y que nadie —ni la máquina ni el ser humano detrás del algoritmo— está dispuesto a asumir como su responsabilidad. Porque, al fin y al cabo, es solo un código. ¿Verdad?

Pero, ¿quién escribe este código? Esa es la pregunta que deberíamos estar haciéndonos. Los algoritmos no se construyen en un vacío moral. Son creados por programadores, entrenados con datos recolectados en un mundo que es todo menos justo. Los sesgos que ya existen en nuestra sociedad se transfieren a estos sistemas en formas que muchos ni siquiera comprenden. Desde la forma en que los bancos niegan préstamos basados en vecindarios, hasta los sistemas judiciales que predicen quién "probablemente" cometerá un crimen basándose en estadísticas distorsionadas por décadas de racismo.

El problema no es que la IA sea imperfecta; el problema es que le estamos entregando demasiado poder sin hacernos las preguntas correctas. ¿Quién regula la IA? ¿Quién asegura que sus decisiones no están distorsionadas por los mismos prejuicios que supuestamente queremos superar? Spoiler: **nadie.**

La ética en IA no debería ser un accesorio que las empresas y gobiernos adoptan si tienen tiempo y presupuesto. No es un lujo. **Es una obligación.** Pero hoy, en muchos casos, parece ser solo un adorno: algo que se menciona en conferencias tecnológicas para obtener aplausos, pero que nadie toma en serio a la hora de la implementación real.

Este libro es una llamada de atención. No es un manual optimista sobre cómo la IA va a salvarnos de nosotros mismos. Al contrario, es una advertencia sobre lo que sucede cuando confiamos en sistemas que no entendemos, que no controlamos y que, francamente, no deberían estar tomando decisiones críticas por nosotros. **La IA no es el futuro brillante que nos prometieron; es una herramienta peligrosa en manos de quienes prefieren no mirar demasiado de cerca.**

Capítulo 1:
La Moralidad Programada: ¿Quién Decide Qué es Correcto?

La idea de que una **máquina pueda hacer juicios morales** debería asustarnos mucho más de lo que lo hace. Y, sin embargo, aquí estamos, confiando cada vez más en qué **algoritmos invisibles tomen decisiones** que antes habrían sido materia de intensos debates éticos. Preguntas como "¿es justo?" o "¿es equitativo?" solían estar en el centro de las discusiones filosóficas, políticas y sociales. Ahora, hemos delegado esas preguntas a sistemas automatizados, como si las máquinas fueran alguna autoridad moral superior. **Spoiler: no fue Aristóteles quien les enseñó lo que está bien y lo que está mal.**

Los **algoritmos no piensan** en términos de justicia social, equidad o el bien común. No tienen una **brújula moral** integrada en sus líneas de código. **No están programados para tener sentido común**, ni para sopesar los matices éticos de sus decisiones. Lo que sí hacen es ejecutar lo que se les enseña. Y lo que se les enseña, **proviene de humanos**. Humanos que, como bien sabemos, son un nudo de **prejuicios, intereses económicos** y, por supuesto, **puntos ciegos**. Entonces, ¿de verdad creemos que una máquina puede "aprender" a ser justa en un contexto donde los datos históricos con los que ha sido entrenada están impregnados de **injusticias estructurales**?

Lo más alarmante es que muchos aún creen en la

noción de que los **algoritmos, por ser matemáticos, son imparciales**. Es como si la presencia de ecuaciones, funciones y estadísticas eliminará automáticamente **siglos de racismo, machismo o inequidad estructural** que permea nuestra sociedad. **Qué conveniente, ¿no?** Introduces un par de cifras, y como por arte de magia, la discriminación desaparece.

Este argumento es peligrosamente simplista, y, francamente, **erróneo**. Pensar que los algoritmos son inmunes a los prejuicios por ser "objetivos" o "matemáticos" es ignorar el hecho de que **los algoritmos no surgen en un vacío**. Se nutren de datos, y esos datos **no son neutros**. Son el producto de sistemas sociales y económicos profundamente **injustos y desiguales**. Así que lo que los algoritmos realmente hacen es **reforzar los sesgos** que ya existen en esos datos.

La realidad es que los algoritmos están diseñados para hacer lo que se les enseña. Y lo que se les enseña proviene de una historia de **desigualdades y errores** humanos. De modo que, cuando confiamos en que una máquina haga juicios éticos o morales, en realidad estamos confiando en el **sesgo colectivo** de quienes construyeron y entrenaron esa máquina. Si una sociedad ha sido desigual durante décadas o siglos, **¿por qué asumiríamos que una IA entrenada en datos de esa sociedad será justa o imparcial?**

El verdadero poder (y peligro) de los algoritmos radica en que **los datos son su combustible**. Los algoritmos "aprenden" patrones a partir de enormes conjuntos de datos, y estos patrones **reflejan la realidad de nuestro mundo**, con todo lo bueno, lo malo y lo feo que conlleva. Pero aquí viene el problema: **los datos están contaminados** con los errores, prejuicios y decisiones dudosas que los humanos hemos tomado durante años. **El pasado** —con todas sus injusticias— se convierte en el marco de referencia para lo que la IA "aprende" a hacer.

El caso de los **algoritmos de contratación** es un ejemplo perfecto de cómo este sesgo implícito en los datos puede causar un desastre monumental. **Amazon**, una de las empresas más tecnológicamente avanzadas del mundo, desarrolló un algoritmo para hacer que sus **procesos de selección de personal fueran "más objetivos"**. El sistema fue diseñado para clasificar a los candidatos de manera más eficiente, rápida y, supuestamente, imparcial. Sin embargo, pronto descubrieron que **el algoritmo penalizaba sistemáticamente a las mujeres**. ¿La razón? Los datos históricos que se utilizaron para entrenar el sistema provenían de un entorno laboral dominado por hombres. El algoritmo, simplemente, **aprendió** que ser mujer **no era un atributo deseable** para el puesto, porque en el pasado, las mujeres eran menos contratadas.

Esto no fue un fallo técnico. Fue un fallo ético. Un fallo que se produjo porque los datos en los que se basaba el sistema estaban llenos de **discriminación histórica**. Y lo más inquietante de todo es que, aunque Amazon retiró rápidamente este sistema, **no es un caso aislado**. Es solo uno de los muchos ejemplos de cómo los algoritmos pueden amplificar las **desigualdades estructurales** que ya existen en la sociedad.

Entonces, llegamos a la pregunta clave: **¿quién enseña a los algoritmos lo que es justo o moralmente aceptable?** No es el código en sí mismo. **El código es neutral**. No es tampoco el ingeniero de software, que en muchos casos simplemente sigue órdenes y optimiza procesos. **Son los datos** los que le "enseñan" al algoritmo qué decisiones tomar, y esos datos **están cargados de historia, de prejuicios y de errores**.

Aquí está el dilema: cuando delegamos decisiones éticas o morales en **sistemas automatizados**, lo que estamos haciendo en realidad es **delegar nuestras propias decisiones** —y nuestras fallas— en esas máquinas. Estamos amplificando nuestros propios errores, pero con la comodidad de poder culpar a la máquina cuando algo sale mal. Porque, seamos claros, **el objetivo de estos sistemas no es mejorar la justicia o la equidad**. El objetivo es **ahorrar tiempo, reducir costos** y evitar la incomodidad de tener que justificar decisiones que no son populares o políticamente correctas.

El problema más preocupante no es solo **lo que deciden los algoritmos**, sino **cómo hemos decidido abdicar nuestra responsabilidad ética** en favor de ellos. Y lo hemos hecho en nombre de la eficiencia, la velocidad y el ahorro de costos. En lugar de enfrentar los problemas complejos de discriminación, racismo o desigualdad, **hemos delegado esas decisiones en máquinas** que no entienden el contexto social, histórico o humano de las situaciones que están evaluando.

Esta abdicación de la responsabilidad ética es peligrosa porque nos permite **lavarnos las manos**. Cuando un algoritmo toma una decisión injusta, **¿quién es responsable?** Las empresas dirán que no es culpa suya, que es un fallo del algoritmo. Los ingenieros dirán que solo hicieron lo que les pidieron. Y los afectados... bueno, **ellos simplemente sufren las consecuencias**. Porque, al final del día, **nadie asume la responsabilidad** cuando la IA se equivoca.

La única manera de evitar estos problemas es abordar la **ética de los algoritmos** desde el principio. Las empresas que desarrollan estos sistemas necesitan incorporar **equipos de ética tecnológica** que trabajen codo a codo con los desarrolladores para garantizar que los sesgos se mitiguen antes de que los sistemas se pongan en funcionamiento. Los gobiernos también deben intervenir para establecer **marcos regulatorios claros** que responsabilicen a las empresas y desarrolladores por los daños causados por sus sistemas.

Además, necesitamos una mayor **transparencia**. Las personas afectadas por decisiones automatizadas tienen derecho a saber **cómo funcionan esos sistemas** y a cuestionar las decisiones cuando son injustas. No podemos seguir operando en un mundo donde los algoritmos son cajas negras que nadie puede auditar ni comprender completamente.

Finalmente, debemos reconocer que **la IA no es la solución a nuestros problemas éticos**. Los algoritmos pueden ayudarnos a tomar decisiones más rápidas y eficientes, pero **no pueden ni deben sustituir el juicio humano** cuando se trata de cuestiones morales. La tecnología es solo una herramienta, y como toda herramienta, puede ser utilizada para el bien o para el mal. Depende de nosotros, los humanos, decidir cómo la usamos y con qué propósito.

En última instancia, **el dilema moral de la inteligencia artificial** no radica en lo que los algoritmos son capaces de hacer, sino en **cómo los utilizamos y qué les enseñamos**. Los algoritmos no tienen ética; **somos nosotros quienes debemos integrar en** su desarrollo. Si seguimos confiando ciegamente en que los sistemas automatizados tomarán decisiones más "justas" o "imparciales", nos estamos engañando a nosotros mismos. **La moral no puede ser codificada** en líneas de código, y si seguimos delegando nuestras responsabilidades éticas en las máquinas, lo que estamos haciendo es **perpetuar y amplificar nuestros propios prejuicios.**

La pregunta no es si los algoritmos pueden hacer juicios morales. La pregunta es si **nosotros** estamos dispuestos a asumir la **responsabilidad ética** de nuestras decisiones, en lugar de escondernos detrás del velo de la tecnología. Porque si no lo hacemos, **la IA no es el problema.** Nosotros lo somos.

1.1. Algoritmos con Opinión: ¿Pueden las Máquinas Entender la Ética Humana?

Aquí hay una verdad que duele admitir: **los algoritmos no son meras herramientas sin opinión.** Nos encanta pensar que las máquinas son imparciales, que están ahí para ejecutar tareas sin emociones, sin juicios, sin preferencias. **Qué reconfortante es creer que un puñado de líneas de código pueden hacer el trabajo que los humanos llevan siglos discutiendo y debatiendo.** Pero la realidad es mucho más incómoda.

Los algoritmos **tienen opinión,** aunque no se atrevan a decirlo en voz alta. Y no, no estamos hablando de opiniones conscientes o razonadas como las de un ser humano. Su "opinión" es el resultado directo de los **datos** con los que se les entrena, los **parámetros** que sus creadores deciden priorizar, y las **decisiones** que ya estaban viciadas mucho antes de que llegara la IA. Porque, no lo olvidemos, **detrás de cada algoritmo hay un ser humano imperfecto programándolo**. Y si algo hemos aprendido a lo largo de la historia es que cuando el ser humano mete la mano, **la objetividad no es precisamente su punto fuerte**.

Vamos a poner un ejemplo concreto: los sistemas de IA que usan las fuerzas policiales para predecir dónde es más probable que ocurra un crimen. A primera vista, suena perfecto, ¿no? Un algoritmo que predice el delito antes de que ocurra. Como si estuviéramos viviendo en una película de ciencia ficción. Pero lo que no te cuentan es que esos algoritmos no están basados en "predecir", sino en analizar **patrones de comportamiento del pasado**. Y, sorpresa, esos patrones están manchados por décadas (si no siglos) de racismo estructural, discriminación y desigualdad. Entonces, ¿qué pasa? Que los algoritmos simplemente perpetúan esos sesgos. **Son algoritmos con opiniones**, y no son opiniones bonitas.

Un estudio en Chicago mostró que estos sistemas **eran más propensos a señalar barrios de minorías raciales como zonas de alta criminalidad**, no porque la tecnología sea racista, sino porque los datos que alimentan al algoritmo ya venían contaminados. El sistema, al igual que un aprendiz demasiado entusiasta, simplemente hizo su tarea: **aprendió de lo peor que le enseñamos**.

¿Pueden las máquinas entender la ética humana? La

respuesta es más que obvia: **no, y ni siquiera lo intentan**. Las máquinas no tienen concepto de justicia, equidad o moralidad. Solo tienen datos. Y si esos datos están plagados de injusticias, ¿qué esperamos que salga del otro lado? No es una cuestión de lógica matemática; es una cuestión de ética y de responsabilidad, dos conceptos que, por desgracia, no se programan en Python.

El problema es que seguimos poniendo a la IA en un pedestal, como si estuviera por encima de los errores humanos. **Pero la IA no es más que una herramienta afilada**, y si la usas con manos sucias, lo único que haces es cortar más profundo. Los algoritmos no tienen moralidad, pero sus decisiones tienen consecuencias éticas reales. Y nosotros, en nuestra obsesión por la eficiencia y la automatización, hemos decidido ignorar ese pequeño detalle. **La máquina no decide lo que es correcto o incorrecto; somos nosotros los que decidimos dejar que lo haga.**

1.2. Las Decisiones Automatizadas no son Neutrales: Una Breve Historia del Sesgo en IA

A estas alturas, si todavía crees que las decisiones automatizadas son imparciales, **tengo una pirámide en Egipto que podría interesarte para inversión**. Porque no, los algoritmos no son neutrales, nunca lo fueron y nunca lo serán. La historia del sesgo en la inteligencia artificial no es un accidente, es una consecuencia directa de cómo construimos, entrenamos y desplegamos estos sistemas.

Vamos a empezar con una verdad incómoda: **los algoritmos solo son tan "buenos" como los datos que les damos**. Y estos datos provienen de la sociedad. ¿Cuál es el problema? Bueno, la sociedad en la que vivimos es todo menos justa o igualitaria. Entonces, ¿qué hacemos? Alimentamos a nuestras inteligencias artificiales con datos que ya están contaminados por siglos de prejuicios, desigualdad y errores humanos, y luego nos sorprendemos cuando los algoritmos actúan de la misma manera que nosotros. **¿Acaso esperabas otra cosa?**

Miremos atrás un momento. En los años 80, la IA ya mostraba signos de lo que vendría. **Sistemas expertos** – esas primitivas formas de IA que pretendían emular el juicio humano en áreas específicas – empezaron a implementarse en medicina. Los médicos creían que una máquina sería capaz de analizar mejor los síntomas y emitir diagnósticos más precisos. **Spoiler alert:** no fue así. ¿Por qué? Porque los datos con los que entrenaban a estos sistemas estaban sesgados hacia hombres blancos. **Si eras mujer o de una minoría étnica, la máquina tenía muchas más probabilidades de fallar en tu diagnóstico.** El sistema no era neutral; reflejaba los sesgos y la ignorancia de la medicina de la época.

Avancemos unas décadas, y el sesgo en la IA no ha desaparecido. En todo caso, **ha escalado**. Piensa en algo tan cotidiano como los motores de búsqueda. ¿Qué crees que ocurre cuando buscas algo en Google? Los algoritmos no solo están ahí para organizar la información de manera "objetiva". Se alimentan de los clics y patrones de millones de usuarios, amplificando cualquier tendencia, prejuicio o preferencia que ya existe en el mundo digital. **¿Buscas imágenes de CEO? Prepárate para una galería de hombres blancos en trajes oscuros.** ¿Esto es casualidad? No. **Es un algoritmo reforzando estereotipos.** Y sí, tú mismo estás alimentando ese ciclo con cada búsqueda, cada clic, cada dato que lanzas al vacío de la red.

Pero lo peor de todo es cuando estos sistemas comienzan a tomar decisiones por nosotros. Como el caso de **COMPAS**, el famoso algoritmo que se usa en los tribunales de Estados Unidos para predecir la probabilidad de reincidencia de un criminal. En teoría, suena genial: una IA que ayuda a los jueces a decidir quién es más probable que vuelva a delinquir, lo que les permite tomar decisiones más informadas. El problema: **COMPAS es un algoritmo racista.** ¿Cómo lo sabemos? Porque varios estudios demostraron que era mucho más probable que etiquetara a personas negras como de alto riesgo de reincidencia, incluso cuando los datos objetivos no respaldaban esa evaluación. **Más datos, más discriminación.**

Y no es solo la justicia. **Los sistemas de crédito** – esos que deciden si obtienes una tarjeta o un préstamo – son otro buen ejemplo de cómo el sesgo se cuela en todos los rincones de la IA. Basados en datos históricos, estos algoritmos perpetúan la discriminación financiera que ha afectado a comunidades de bajos ingresos y minorías durante décadas. Si naciste en un vecindario equivocado o tienes un nombre que suene "diferente", **tus probabilidades de obtener crédito automáticamente bajan.** Y todo esto gracias a la "objetividad" de los algoritmos.

La conclusión es bastante obvia: **los algoritmos no**

son imparciales. Ni lo serán mientras dependan de datos contaminados por prejuicios humanos. De hecho, cada vez que delegamos una decisión ética o moral a un sistema de IA sin revisar el contexto, lo que realmente estamos haciendo es institucionalizar el sesgo. **Estamos validando la discriminación en nombre de la eficiencia y la tecnología.** Y lo peor es que, cuando algo sale mal, nos hacemos los sorprendidos. Como si no supiéramos que, desde el principio, el sesgo estaba ahí, agazapado en cada línea de código, en cada set de datos.

La tecnología no es el problema, somos nosotros.

1.3. El Dilema Ético de los Programadores: ¿Deberíamos Pedirles a los Tecnólogos que Piensen como Filósofos?

Aquí hay una verdad incómoda que no muchos quieren aceptar: **los tecnólogos no son filósofos.** Y no deberían serlo. Pero en el mundo de la inteligencia artificial, se nos está pidiendo que lo seamos. Se espera que programadores, data scientists y desarrolladores tomen decisiones éticas mientras escriben código o entrenan modelos, sin darnos cuenta de que **nunca nos prepararon para eso.** La IA ha puesto en nuestras manos un poder que, seamos sinceros, ni siquiera entendemos completamente. Y sí, me incluyo.

He estado en esas salas de reuniones donde discutimos cómo ajustar un modelo para que sea más "justo". Y he visto cómo **la ética queda relegada a un segundo plano porque "el deadline se acerca" o porque "no es nuestra responsabilidad definir qué es justo"**. En mi tiempo como Data Scientist y AI Developer, he trabajado en proyectos donde **la urgencia por entregar resultados y mostrar avances a los inversores supera cualquier preocupación ética.** ¿El resultado? Algoritmos que funcionan a corto plazo, pero que a la larga pueden causar más problemas de los que resuelven.

Recuerdo un proyecto en el que trabajé con un equipo para desarrollar un modelo de predicción de comportamiento de usuarios para una empresa que quería optimizar sus estrategias de marketing. La idea era sencilla: analizar los datos de compra y comportamiento online de los clientes para predecir quiénes tenían más probabilidades de comprar cierto producto. Hasta ahí, todo bien. Pero cuando profundizamos en los datos, me di cuenta de algo alarmante: **los clientes de ciertos grupos demográficos estaban sistemáticamente excluidos de las recomendaciones de productos de alto valor.** No porque fueran malos clientes o porque no pudieran permitírselo, sino porque, históricamente, habían recibido menos promociones de este tipo. El algoritmo había aprendido eso de los datos pasados y, sin ninguna intervención, **continuaba discriminando sin que nadie lo notara.**

Cuando lo señalé, la reacción fue una mezcla de incomodidad y apatía: **"Eso es lo que los datos dicen",** me dijeron. Y claro, técnicamente tenían razón. Pero lo que los datos **no te dicen** es que la historia que hay detrás de esos números está plagada de años de discriminación, sesgo y decisiones tomadas por seres humanos imperfectos. **¿Debemos confiar ciegamente en los datos, o debemos cuestionar lo que nos están contando?** En ese caso, optamos por ignorar el problema. El proyecto se entregó tal cual. Y yo me quedé con un mal sabor de boca, sabiendo que el sistema que habíamos desarrollado no solo perpetuaba la desigualdad, sino que además lo hacía de forma silenciosa y eficiente.

Este tipo de dilemas no son raros en la industria de la IA. He visto colegas discutir acaloradamente sobre la mejor arquitectura para un modelo de machine learning, pero nunca —repito, **nunca**— discutir si ese modelo estaba tomando decisiones éticas. Porque a los programadores se nos enseña a optimizar, a mejorar la precisión, a reducir los márgenes de error. **¿Pero quién nos enseña a cuestionar el impacto ético de nuestras creaciones?** ¿Quién nos prepara para lidiar con las consecuencias sociales de los algoritmos que diseñamos?

Lo peor es que las grandes empresas tecnológicas tampoco están interesadas en que sus desarrolladores piensen como filósofos. Porque la ética, en términos de desarrollo de IA, es vista como una distracción, un costo innecesario que solo retrasa la implementación. **He visto proyectos en los que se recorta el tiempo destinado a revisar sesgos porque "la competencia ya está sacando su versión" y hay que ser los primeros.** Y, lamentablemente, este es el estándar de la industria.

Este dilema —el de si debemos pedir a los tecnólogos que piensen como filósofos— sigue sin resolverse. La realidad es que **los desarrolladores de IA no están equipados para**

tomar decisiones morales. Estamos entrenados para analizar datos, optimizar algoritmos y hacer que los modelos sean más eficientes. La ética, en cambio, no se optimiza. No se mide en precisiones ni en tasas de error. Entonces, ¿qué pasa cuando los ingenieros se encuentran en la posición de tener que tomar decisiones éticas? Pasa lo que siempre pasa: **se ignoran esas decisiones.** Se dejan de lado porque "no son nuestro trabajo" o porque "los datos no mienten".

El problema es que **los datos sí mienten.** O, mejor dicho, cuentan una verdad parcial. Y es ahí donde la IA falla estrepitosamente. No porque sea técnicamente incorrecto, sino porque, al final, los seres humanos detrás de la máquina no están preparados para las implicaciones éticas de lo que construyen. Y en lugar de enfrentarlas, preferimos mirar hacia otro lado, optimizando nuestro modelo y entregando el proyecto a tiempo.

La ética puede esperar, dicen.

Pero la pregunta sigue ahí, incomoda: **¿podemos seguir delegando estas decisiones en tecnólogos que nunca fueron entrenados para tomarlas?**

Capítulo 2:
Sesgos en la IA: ¿Involuntarios o Inevitablemente Humanos?

Si aún crees que la inteligencia artificial es una tecnología pura y perfecta, diseñada para resolver nuestros problemas sin los defectos de los humanos, prepárate para una **gran decepción**. Porque, spoiler alert: **la IA no es más que un reflejo digitalizado de nuestros propios sesgos y prejuicios.** Y, sinceramente, ¿qué esperabas? Cuando programas una máquina para "aprender" de datos generados por una sociedad plagada de injusticias, lo único que haces es amplificar los mismos errores, pero con la velocidad y precisión que solo un algoritmo puede lograr.

La IA no discrimina por capricho. **Lo hace porque está diseñada para aprender de datos que provienen de nosotros** —y, adivina qué— nosotros estamos repletos de prejuicios. Al final, no importa cuántas veces la llames "inteligente" o cuántas veces la presentes como la panacea tecnológica del siglo. Los algoritmos no son imparciales, son **humanos**. No porque sientan, sino porque nosotros les damos forma, alimentándolos con información que ya de por sí está contaminada. Y, como dicen, **basura entra, basura sale**.

2.1. ¿Algoritmos Racistas? Sí, Existen, y Aquí Está la Prueba

Primero lo primero: la inteligencia artificial no es inherentemente racista, sexista o clasista. No hay un "algoritmo supremacista" escondido en las entrañas de una máquina. Lo que sí hay son algoritmos que **aprenden** de datos históricos y patrones sociales profundamente marcados por siglos de desigualdad. Y claro, cuando los alimentas con este tipo de información, **el resultado es una IA que perpetúa esos sesgos de manera casi impecable.**

Tomemos un caso especialmente revelador: los sistemas de reconocimiento facial. Grandes promesas de seguridad y eficiencia, pero debajo de esa capa de modernidad, lo que encontramos es una tecnología con un **grave problema de discriminación.** Investigaciones como las de Joy Buolamwini en el MIT han demostrado que estos sistemas tienen **dificultades considerables para identificar correctamente a personas de piel oscura**, mientras que lo hacen de maravilla con personas blancas. Y no es que la IA "quiera" discriminar, simplemente está entrenada con bases de datos que **contienen más fotos de personas blancas que de personas negras.**

Ahí está la trampa: el sesgo no es intencionado, pero sus efectos son reales. ¿Resultado? **Tasas de error de hasta el 34% para personas de piel más oscura** en comparación con menos del 1% para personas de piel clara. Y estas cifras no son solo estadísticas frías: tienen consecuencias graves. ¿Te imaginas ser arrestado por un sistema automatizado de vigilancia simplemente porque el algoritmo no puede distinguir correctamente tu rostro del de otro individuo? Sí, eso ha ocurrido.

No solo hablamos de vigilancia. Estos problemas están presentes en sistemas usados para contratar, asignar crédito, e incluso predecir delitos. **La IA no discrimina porque le da la gana; lo hace porque fue programada para aprender de un mundo que ya está lleno de discriminación.**

2.2. Sesgo de Género, Raza y Clase en la IA: ¿Reflejo de la Sociedad o Creación de la Máquina?

Muchos de los sesgos en los algoritmos parecen invisibles, pero sus efectos se sienten de manera brutal. Los sistemas de inteligencia artificial que se utilizan en el mundo laboral para filtrar currículos son un ejemplo perfecto de esto. Hace unos años, **Amazon implementó un sistema de reclutamiento** basado en IA para optimizar su proceso de selección de personal. ¿El resultado? El algoritmo decidió que, por alguna razón misteriosa, **contratar mujeres no era la mejor idea.** ¿Por qué? Porque el sistema había sido entrenado con currículos de los últimos 10 años, en los que, sorpresa, **la mayoría de los contratados habían sido hombres.** El algoritmo simplemente concluyó que la "tendencia" debía continuar.

Este no es un caso aislado. Hay decenas de ejemplos de cómo **la IA réplica y amplifica el sesgo** que ya existe en la sociedad. Desde algoritmos que penalizan a las mujeres por tener nombres que suenan "femeninos", hasta sistemas que **subvaloran** las contribuciones de personas de color en el ámbito académico. El problema no es la tecnología en sí, sino lo que elegimos enseñarle.

Si alguien se pregunta: **¿Esto significa que la IA crea una nueva forma de discriminación?** No. Lo que realmente hace es amplificar las barreras ya existentes, automatizando la desigualdad de manera brutalmente eficiente. El sesgo no es un "fallo técnico". Es un **reflejo perfecto** de los prejuicios humanos programados en código.

Ah, la inteligencia artificial, esa maravilla tecnológica que prometía transformar nuestras vidas en una utopía de eficiencia y progreso... hasta que nos dimos cuenta de que detrás de ese código brillante hay más sesgos que en una conversación de sobremesa familiar. Y si hablamos de **los grupos vulnerables**, como la **comunidad LGBT+**, la cosa se pone aún más fea. Porque, claro, ¿quién iba a pensar que una IA entrenada con datos llenos de prejuicios terminaría reproduciendo —e incluso amplificando— esas mismas discriminaciones?

Spoiler: todos debimos haberlo anticipado.

Pero no es solo la comunidad LGBT+ la que queda atrapada en los sesgos de la IA. **El color de piel, el origen racial y el estatus económico** también son factores que la inteligencia artificial aprende a discriminar, muchas veces de forma más sutil que los propios humanos. Cuándo sistemas de

IA se entrenan con datos históricos que ya están contaminados con prejuicios, el resultado es **una tecnología que perpetúa y amplifica las desigualdades** en lugar de corregirlas.

El sesgo en la IA no surge de la nada. Se nutre de una cultura que ha marginado y borrado a figuras clave de la ciencia, la tecnología y la innovación, especialmente aquellas que no encajan en el molde cisheteronormativo. **Los medios de comunicación**, esos grandes narradores de la historia contemporánea, tienen un guion bastante selectivo. Mientras se pavonean con historias de genios que "inspiran", resulta que **figuras verdaderamente revolucionarias**, y además, **parte de la comunidad LGBT+**, quedan convenientemente fuera de escena.

Tomemos el caso de **Lynn Conway**, una auténtica pionera, cuyo nombre probablemente no has escuchado tanto como deberías. **Ingeniera informática y mujer transgénero**, Conway fue una de las mentes brillantes detrás de la **arquitectura VLSI (Integración a Muy Gran Escala)**, fundamental para el desarrollo de los microchips modernos. **Sí, esos chips que están en todo lo que usas**, desde tu teléfono hasta tu automóvil. Sin su trabajo, **la tecnología estaría décadas atrás**. Pero, curiosamente, su historia no encaja en la narrativa que los medios prefieren contarnos.

¿Por qué nunca oímos hablar de ella? Porque, como ocurre con tantas otras figuras LGBT+ en la ciencia, la visibilidad solo parece otorgarse cuando **encajan en un molde preestablecido**. Los medios siguen reforzando estereotipos no sólo omitiendo estas historias, sino también **perpetuando la idea de que los grandes avances tecnológicos provienen de un puñado de hombres blancos**

heterosexuales. Mientras tanto, figuras como Conway, cuya historia debería estar en el centro de cualquier discusión sobre innovación, **permanecen en las sombras**.

Aquí hay algo más insidioso: **los algoritmos de IA que discriminan no surgen de la nada**. Están entrenados, entre otras cosas, con la **representación sesgada** que los medios de comunicación y la sociedad han estado cultivando durante décadas. **Lo que no se ve, no se cuenta. Lo que no se cuenta, no existe.** Y cuando las IA replican estos patrones, **hablamos de un ciclo de invisibilidad que refuerza aún más los prejuicios en la sociedad**.

Pero el sesgo no termina con la invisibilización de las personas LGBT+. **El color de piel, el background económico y la etnia** también son puntos de discriminación que la IA perpetúa de maneras aterradoras.

Un ejemplo claro es el uso de **tecnologías de reconocimiento facial**. Estos sistemas prometen una precisión casi perfecta para identificar a las personas, pero la realidad es otra si tu piel **no es blanca**. Diversos estudios han demostrado que los sistemas de reconocimiento facial son **mucho menos precisos al identificar a personas de piel oscura**. Un estudio realizado por el MIT Media Lab reveló que las tasas de error para mujeres negras alcanzan un alarmante **35%**, mientras que para hombres blancos, el error es casi nulo.

¿Las consecuencias? Ser identificado incorrectamente puede parecer un problema técnico menor, pero en contextos legales o de seguridad, **esto puede ser extremadamente peligroso**. Personas de color han sido arrestadas por error porque un sistema de reconocimiento facial las confundió con sospechosos, y en algunos casos, estas tecnologías ya se están utilizando en estaciones de policía y aeropuertos. **La vida de las personas no debería depender de un algoritmo que ni siquiera puede reconocer correctamente a quienes no son blancos.**

Este tipo de sesgo no es accidental; es **un reflejo directo de los datos con los que se entrenan estos sistemas.** Si los desarrolladores entrenan sus algoritmos con bases de datos predominantemente blancas, el resultado será un sistema que **no sabe lidiar con la diversidad racial.** Y en un mundo cada vez más globalizado, esto no solo es inaceptable, sino increíblemente peligroso.

Los sesgos en la IA también son evidentes en **los procesos de contratación automatizados.** Las empresas, en su esfuerzo por "modernizar" la selección de personal, implementan **sistemas de IA** para filtrar y evaluar currículums. Pero estos sistemas no son neutrales. **Los algoritmos están programados para identificar patrones de éxito,** basados en datos históricos de empleados "exitosos", y estos datos **tienden a excluir automáticamente a candidatos de entornos más pobres o con educación menos elitista.**

Por ejemplo, si el sistema está entrenado para valorar a candidatos que provienen de universidades de prestigio o que han trabajado en grandes corporaciones, **los candidatos que provienen de comunidades marginadas o que no han tenido acceso a esas oportunidades quedan automáticamente fuera del radar.** Es una discriminación económica disfrazada de "eficiencia". **¿El resultado?** Los mismos grupos que históricamente han sido excluidos del acceso a las oportunidades **siguen siendo marginados, pero esta vez por una IA "imparcial".**

Esto no solo afecta a los individuos, sino que refuerza un ciclo de exclusión en el que **las oportunidades permanecen concentradas** en quienes ya tienen privilegios, mientras que los candidatos de **entornos desfavorecidos quedan atrapados en la pobreza** o en trabajos precarios. **La IA no está nivelando el campo de juego; lo está inclinando aún más** a favor de los privilegiados.

Otro ejemplo escalofriante es el uso de la IA en **la aprobación de créditos y préstamos.** Los bancos y las instituciones financieras están adoptando sistemas de IA para evaluar la solvencia crediticia de las personas. **El problema es que estos sistemas, al igual que los humanos, aprenden de datos históricos llenos de sesgos raciales y económicos.** Esto significa que, si una comunidad ha sido históricamente discriminada o si un grupo racial ha sido sistemáticamente marginado en términos de acceso al crédito, **la IA simplemente replicará esa discriminación.**

Un caso famoso es el algoritmo de **Apple Card**, que fue criticado por **ofrecer límites de crédito significativamente más bajos a mujeres y personas de color,** a pesar de que tenían historiales crediticios similares o mejores que los hombres blancos. ¿Cómo ocurre esto? Porque el sistema **asocia el riesgo crediticio con patrones históricos de discriminación,** perpetuando las desigualdades que se supone que la tecnología debería estar corrigiendo.

Esto no solo es injusto, sino que también impide que las personas de color y las comunidades más pobres puedan

acceder a oportunidades financieras clave para mejorar sus vidas. Una IA que discrimina en función del color de piel o del background económico **no está avanzando la justicia social,** sino que **consolida la exclusión.**

Lo más irónico aquí es que, mientras se invierten millones en desarrollar estas tecnologías, **se sigue ignorando un punto fundamental: los datos y los algoritmos no están libres de sesgos humanos.** Si entrenamos una IA con datos históricos que excluyen o marginan a ciertos grupos, **¿qué esperamos?** Claro, algunos dirán: "¡Podemos arreglarlo con más datos!" Pero si esos datos **no incluyen activamente las voces de las minorías raciales, económicas o LGBT+,** simplemente **estamos parcheando el problema, no resolviéndolo.**

Entonces, **¿qué hacer?** Primero, las empresas y los desarrolladores de IA deben empezar a **tomarse en serio la diversidad** en sus datos de entrenamiento. No es suficiente decir "nuestra IA es inclusiva" mientras se sigue utilizando información que refleja décadas de prejuicios. **Hace falta un enfoque intencional y proactivo** para incluir y proteger a las minorías en el diseño de los sistemas.

Luego, está la cuestión de la **transparencia.** Muchas de las decisiones de la IA son una **caja negra,** y cuando se trata de discriminación, esta opacidad es un problema gravísimo. Las compañías deben ser capaces de explicar **cómo sus algoritmos llegan a ciertas decisiones,** y más importante aún, estar dispuestas a **corregir el curso** cuando esos algoritmos causan daño. Porque, seamos honestos, ya no es suficiente esconderse detrás del pretexto de que "es solo tecnología".

La promesa de la IA es grande, pero también lo son los riesgos. Y si no abordamos los sesgos que afectan directamente a las comunidades vulnerables, como las personas de color, los grupos LGBT+ o aquellos de entornos económicos desfavorecidos, esa promesa se convertirá rápidamente en **una distopía tecnológicamente avanzada, pero éticamente vacía**. Como en todo, no es suficiente con que la tecnología avance; también tiene que **evolucionar nuestra conciencia social**.

Porque, al final del día, la IA no es el villano de esta historia. **Nosotros, los humanos, lo somos**, si no actuamos con responsabilidad, insisto.

La IA no es intrínsecamente buena ni mala. El problema es que **funciona como un espejo de la sociedad que la entrena**. Si queremos una tecnología más inclusiva, necesitamos una **cultura que reconozca y celebre la diversidad**, no sólo como un valor de marketing, sino como **el motor que siempre ha impulsado el avance científico y tecnológico**.

2.3. COMPAS Falló por Ser 'Demasiado Humana' (Y Sus Consecuencias Catastróficas)

La lista de fallos épicos en inteligencia artificial es larga, pero algunos de los casos más graves son aquellos en los que los algoritmos **fallaron exactamente porque "aprendieron" demasiado bien de nosotros.** No porque los datos fueran insuficientes, sino porque reflejaban fielmente un mundo imperfecto.

Un caso que merece especial mención es el ya infame sistema de **COMPAS** en los tribunales de Estados Unidos. Este algoritmo, diseñado para evaluar el riesgo de reincidencia criminal, **sobrevaloraba consistentemente** el riesgo para las personas negras, mientras subestimaba el riesgo para las personas blancas. ¿Por qué? Porque, históricamente, el sistema judicial estadounidense ha encarcelado de manera desproporcionada a personas negras, y COMPAS, en su "sabiduría algorítmica", aprendió de estos datos. **El resultado: más sentencias duras para personas de color, simplemente porque el algoritmo 'lo dijo'.**

Las consecuencias de confiar en IA que replica nuestros sesgos no son teóricas, son **reales**. Decisiones judiciales, evaluaciones crediticias, diagnósticos médicos: todas estas áreas, en teoría, podrían beneficiarse de la tecnología. Pero cuando el sesgo entra en el juego, **la IA se convierte en una herramienta que no corrige nuestros errores, sino que los consolida.**

Y es ahí donde radica el mayor peligro: **confiamos ciegamente en una máquina que no entiende lo que significa ser justo.** Porque para la IA, la justicia no es más que una serie de parámetros a optimizar. Y nosotros, al final, somos los que programamos esos parámetros.

Capítulo 3:
Servicios Públicos con IA: ¿El Gobierno nos Conoce Mejor Que Nosotros Mismos?

Seamos sinceros: la relación entre los ciudadanos y los gobiernos rara vez ha sido sencilla. Burocracia interminable, formularios redundantes, trámites que parecen diseñados para hacernos perder tiempo. Y en ese contexto, la inteligencia artificial parece la solución ideal. Nos dicen que la IA hará que los servicios públicos sean **más eficientes, más rápidos y más personalizados. Un sueño burocrático, convertido en realidad digital.** El gobierno será más inteligente, nos entenderá mejor y anticipará nuestras necesidades antes de que las tengamos. Genial, ¿no?

Pero antes de emocionarnos demasiado con esta visión utópica, vamos a detenernos un momento y mirar lo que hay detrás de toda esta magia algorítmica. La IA, como tecnología, **no es el problema.** No es ni buena ni mala en su esencia; es una herramienta poderosa, capaz de transformar el sector público de maneras que ni imaginamos. **El verdadero problema surge cuando esa herramienta se utiliza sin un enfoque ético claro,** sin pensar en las consecuencias de lo que significa delegar decisiones críticas a una máquina que, por más sofisticada que sea, no entiende el contexto humano de sus acciones.

Imagina un mundo donde los servicios públicos pueden predecir lo que necesitas antes de que lo pidas. Suena casi perfecto, hasta que te das cuenta de que para que eso sea posible, **el gobierno necesita recopilar más datos sobre ti de los que jamás quisieras compartir.** Tus interacciones diarias, tu historial médico, tus movimientos, tus decisiones de compra, tus relaciones sociales, **todo bajo la lupa de un sistema que te "conoce" mejor que tú mismo.** Y sí, claro, todo esto con la promesa de mejorar tu experiencia como ciudadano. ¿Pero a qué costo?

El verdadero dilema no es la tecnología en sí. **El problema es cómo se aplica, quién la controla y cuáles son los límites.** Es cierto, la IA puede eliminar ineficiencias y reducir la carga administrativa, pero si no se utiliza con cuidado, también puede amplificar los peores defectos del sistema. Un algoritmo diseñado sin suficiente transparencia puede perpetuar errores, reforzar desigualdades y, lo más preocupante, tomar decisiones sin rendir cuentas a nadie. Y ahí es donde la cosa se complica.

Tomemos el caso de los **sistemas predictivos** que algunos gobiernos ya están utilizando para asignar servicios de salud. Basados en el análisis de tus datos médicos y hábitos, estos sistemas intentan predecir cuándo necesitarás una intervención médica y te asignan recursos de acuerdo a esa predicción. Hasta aquí, todo suena muy eficiente, pero **¿qué pasa si el sistema se equivoca?** ¿Qué sucede si el algoritmo determina que no necesitas un tratamiento que en realidad sí necesitas, simplemente porque los datos de los que aprendió están sesgados o incompletos? **¿Quién responde por esa decisión?** Porque no nos engañemos, los algoritmos no pueden asumir la responsabilidad de sus errores. Y, sin una supervisión humana adecuada, las personas empiezan a quedar atrapadas en una maraña de decisiones automáticas, sin posibilidad de apelación.

Lo que debemos entender es que **no es la tecnología la que nos va a fallar, sino la manera en que la implementamos sin cuestionar sus implicaciones éticas**. No se trata solo de hacer que el sistema funcione más rápido o que gestione mejor los recursos. Se trata de **diseñar una IA que respete los derechos de los ciudadanos**, que sea transparente, explicable y justa. Y, lamentablemente, ese no es siempre el caso. Lo que en un principio se presenta como un avance hacia un futuro más inteligente y eficiente, puede fácilmente convertirse en una trampa de control excesivo y falta de privacidad.

Mira lo que ha pasado con la **hiper personalización de los servicios privados**: sí, Netflix sabe qué película recomendarte, Amazon predice qué producto te podría gustar. Pero, ¿realmente queremos que el gobierno haga lo mismo con nuestras vidas? ¿Queremos que se nos asignen beneficios o se nos nieguen oportunidades basándose únicamente en patrones de comportamiento calculados por un sistema que, a fin de cuentas, **solo ve números y probabilidades? El riesgo es real:** que lo que comenzó como una herramienta para mejorar la eficiencia, termina erosionando la confianza entre el ciudadano y el Estado.

Porque el verdadero poder de la IA no está en la tecnología, sino en las decisiones humanas que se toman en torno a ella. **¿Cómo la usamos? ¿Para qué fines? ¿Quién tiene acceso a los datos?** Y, sobre todo, **¿quién supervisa al algoritmo?** Si dejamos que el entusiasmo por la tecnología nos ciegue ante las cuestiones éticas, estaremos entregando nuestras vidas a sistemas que nunca fueron diseñados para entender la complejidad de lo que significa ser humano.

La IA no es la villana de esta historia, pero si no la tratamos con el respeto y la cautela que merece, puede fácilmente convertirse en una herramienta peligrosa en las manos equivocadas. Este capítulo profundiza en cómo los servicios públicos potenciados por IA pueden ofrecer grandes beneficios, pero también encierra serios riesgos si no se implementan con un enfoque ético firme. **Porque no se trata solo de ser eficientes, se trata de ser justos.** Y ahí es donde la tecnología, sin la intervención y el juicio humano, puede fallar estrepitosamente.

3.1. ¿Proactivos o Invasivos? Servicios que Predicen Nuestras Necesidades

Nos encanta la idea de que la tecnología nos facilite la vida. Y si hay algo que los gobiernos están aprendiendo rápido es que la IA puede ser muy útil para anticipar las necesidades de los ciudadanos. **"No más filas en los hospitales"**, dicen, **"menos papeleo para solicitar ayudas públicas"**, prometen. En teoría, parece perfecto: un gobierno que, gracias a los datos y a los algoritmos, sabe exactamente lo que necesitas antes de que te des cuenta.

Pero aquí es donde la línea entre la **eficiencia** y la **invasión** se vuelve borrosa. Porque para que esos servicios sean verdaderamente proactivos, el gobierno tiene que tener acceso a una cantidad inmensa de información sobre tu vida.

Desde tus registros médicos hasta tu historial financiero, pasando por cada interacción que tienes con cualquier entidad pública. ¿De verdad estamos dispuestos a ceder tanto control?

Por ejemplo, en **países como Estonia**, que ha sido pionera en la adopción de servicios públicos digitales, los ciudadanos pueden hacer trámites complejos en minutos. Todo está conectado, desde el sistema de salud hasta el pago de impuestos. El gobierno tiene acceso a una enorme cantidad de datos que permite anticipar necesidades y automatizar servicios. Y sí, es eficiente. Pero también significa que **cada aspecto de tu vida está potencialmente bajo el control de un algoritmo** que decide qué es importante y qué no. Y si bien Estonia ha sido relativamente transparente en el uso de sus datos, no todos los gobiernos del mundo son tan transparentes ni están tan enfocados en proteger la privacidad ciudadana.

Cuando el gobierno tiene acceso ilimitado a tus datos para "predecir" tus necesidades, hay un riesgo real de que se crucen límites. **¿Cómo se asegura uno de que esos datos no se utilicen para otros fines?** ¿Cómo sabes que no te están vigilando bajo el pretexto de mejorar tu experiencia como ciudadano? Porque lo que en un principio parece una medida proactiva para facilitar el acceso a servicios públicos, puede convertirse en una herramienta de vigilancia que sigue todos tus movimientos.

La proactividad puede fácilmente convertirse en invasión. El balance entre ofrecer servicios útiles y eficientes y respetar la privacidad de los ciudadanos es extremadamente delicado. Y si no somos cuidadosos con cómo se diseñan estos sistemas, nos enfrentamos a un futuro en el que los gobiernos sepan demasiado de nosotros, y nosotros sepamos demasiado poco sobre lo que hacen con esa información.

3.2. Inteligencia Artificial en la Atención Ciudadana: Chatbots y Algo Más

El "servicio al cliente" público es una pesadilla que todos conocemos. Llamar a una oficina de gobierno, esperar horas en una línea telefónica solo para hablar con alguien que tiene menos idea que tú sobre lo que necesitas... No es de extrañar que la idea de chatbots y sistemas automatizados de atención ciudadana impulsados por IA suene como **una solución caída del cielo**.

Con la IA, el gobierno promete **respuestas rápidas, eficientes y personalizadas**. Y sí, en muchos casos, los chatbots y sistemas automatizados ya están resolviendo problemas comunes de forma más rápida que cualquier humano detrás de un mostrador. Desde responder preguntas básicas sobre cómo pagar impuestos hasta guiarte en procesos administrativos complejos, la IA en atención ciudadana podría parecer una verdadera revolución.

Pero, como todo lo que suena demasiado bueno para ser verdad, aquí también hay una trampa. **Los chatbots no siempre entienden la complejidad de los problemas humanos**. La inteligencia artificial es eficiente para responder preguntas programadas y predecir patrones repetitivos, pero

afrontémoslo: no estamos hablando con seres humanos. Lo que para un chatbot es una transacción más, para un ciudadano puede ser una situación crítica. Y cuando los problemas que tienes no encajan en el guion del algoritmo, lo que obtienes es frustración y, en el peor de los casos, **una atención deshumanizada y negligente.**

Uno de los grandes problemas que he visto en la implementación de IA en la atención ciudadana es que, al final del día, **los algoritmos no tienen empatía.** No pueden leer entre líneas ni entender matices. Si tienes un problema complejo que no sigue los patrones estándar, es probable que el chatbot te deje atrapado en un ciclo interminable de respuestas genéricas, o peor aún, que te redirija a un departamento que tampoco entiende cómo resolver tu problema.

Tomemos como ejemplo el sistema de atención ciudadana automatizado del Reino Unido, implementado para manejar solicitudes de beneficios sociales. En teoría, debería haber facilitado el proceso para los ciudadanos más vulnerables, pero en la práctica, **ha generado más problemas que soluciones.** Los algoritmos no entienden las particularidades de cada caso, y aquellos que no se ajustan al molde terminan sin la ayuda que necesitan, atrapados en un sistema que les responde con frases genéricas y que los deja sin opciones claras.

La IA no puede sustituir el juicio humano, especialmente en situaciones donde la empatía y la flexibilidad son clave. Los chatbots pueden ser útiles, sí, pero pensar que pueden resolver todos los problemas ciudadanos es simplemente **un malentendido peligroso.** Al final, el gobierno corre el riesgo de alienar a los ciudadanos que necesitan respuestas personalizadas, y todo porque priorizó la eficiencia sobre la humanidad.

3.3. Personalización Masiva: ¿Utopía o Distopía?

Uno de los grandes atractivos de la IA en los servicios públicos es la promesa de **personalización masiva**. Imagínate un mundo donde el gobierno pueda adaptar sus servicios específicamente a ti: tus necesidades, tus preferencias, tu situación personal. Todo optimizado al milímetro para que no tengas que pasar horas lidiando con formularios interminables o burocracias absurdas. Suena casi utópico.

Pero, ¿y si te digo que esa utopía tiene un lado oscuro que pocos quieren admitir? Porque detrás de la personalización masiva se esconde un riesgo muy real: **la creación de un sistema que segrega y discrimina en nombre de la eficiencia.** La personalización no es neutral, y en muchos casos, lo que el gobierno interpreta como un servicio "adaptado a tus necesidades" es en realidad un reflejo de las etiquetas y categorías en las que el sistema decide encasillarte.

Piénsalo así: los algoritmos que deciden cómo personalizar los servicios se basan en datos pasados. **¿Y qué ocurre cuando los datos están contaminados por**

prejuicios históricos? Simple: esos prejuicios se perpetúan, pero ahora lo hacen con una precisión escalofriante. Si en el pasado el sistema te clasificó como "de bajo riesgo", es probable que nunca recibas ciertos beneficios o servicios, incluso si tu situación cambia. **El algoritmo no te ve como una persona; te ve como un conjunto de probabilidades.** Y esas probabilidades no siempre juegan a tu favor.

Ya lo hemos visto en servicios de salud donde, por ejemplo, los algoritmos determinan qué pacientes tienen prioridad basándose en patrones históricos. En lugar de evaluar las circunstancias actuales de cada individuo, los sistemas tienden a perpetuar las desigualdades existentes, ya que se basan en datos que, por definición, **son una representación imperfecta del pasado.**

El riesgo de una personalización mal gestionada es que **el gobierno se convierta en un sistema que toma decisiones por ti sin siquiera consultar tu opinión.** Porque, al final, es eso lo que hace la IA: analiza tus datos, predice tus necesidades y ajusta los servicios en consecuencia, pero sin que tú tengas ningún control real sobre ese proceso. ¿Y si el algoritmo decide que no "mereces" ciertos servicios? ¿Cómo puedes argumentar en contra de una máquina que ni siquiera te da la oportunidad de apelar?

La personalización masiva no es una utopía, es una **distopía algorítmica** si no se gestiona con cuidado. Si permitimos que el gobierno automatice completamente nuestras interacciones basándose en datos, corremos el riesgo de perder el control sobre nuestras propias vidas. Y la IA, que prometía liberarnos de la burocracia, se convierte en una prisión digital de la que es casi imposible escapar.

Capítulo 4:
Privacidad: ¿Un Derecho Fundamental o un detalle molesto?

En una época donde la tecnología promete resolver todos nuestros problemas, **la privacidad se ha convertido en la moneda de cambio más valiosa del siglo XXI**. El mundo digitalizado en el que vivimos prospera gracias a los datos: nuestros datos. Cada clic, cada compra, cada interacción deja una huella que alguien —gobiernos, empresas tecnológicas, o ambos— está dispuesto a analizar, monetizar y explotar. Nos venden la idea de que la recolección masiva de datos es necesaria para la innovación, para mejorar los servicios que recibimos, para personalizar nuestras experiencias. Pero la verdadera pregunta es: **¿estamos realmente dispuestos a sacrificar nuestra privacidad por esa supuesta "mejora"?**

En teoría, la inteligencia artificial es una herramienta poderosa que puede transformar la manera en que nos relacionamos con el mundo. Pero **sin límites éticos claros, esa misma herramienta puede convertirse en una pesadilla de vigilancia masiva**. Cada vez más, la IA y la recolección de datos están entrelazadas en un ciclo de retroalimentación: más datos conducen a mejores algoritmos, y esos algoritmos, a su vez, demandan más datos para seguir afianzándose. Pero mientras la tecnología sigue avanzando, parece que **la protección de nuestra privacidad ha quedado relegada a un segundo plano**, tratada como un detalle molesto, algo que hay que sobrellevar en nombre de la innovación.

Recuerdo uno de los proyectos en los que trabajé para

una importante empresa del sector retail. Estábamos desarrollando un sistema de IA que analizaba los datos de compra de millones de usuarios para ofrecer recomendaciones personalizadas y predicciones sobre futuros comportamientos de compra. **Los datos eran el motor**: cuanta más información teníamos sobre los hábitos de los consumidores —qué compraban, cuándo, dónde, cómo pagaban—, más preciso se volvía el algoritmo. El resultado: un sistema extremadamente eficiente que aumentó las ventas en un 15% al adaptar las recomendaciones a cada cliente, casi como si la IA los conociera mejor que ellos mismos.

En este contexto privado, todo el mundo estaba encantado con los resultados. ¿Quién se iba a quejar de recibir una oferta personalizada en su app justo cuando estaban pensando en comprar? **La personalización funcionaba**, y lo hacía porque el modelo estaba alimentado por una gran cantidad de datos que, en teoría, los usuarios compartían voluntariamente al aceptar los términos y condiciones.

Ahora, hagamos el ejercicio de **trasladar esta misma situación a un contexto de eGovernment**. Supongamos que un gobierno implementa un sistema similar, donde tus interacciones con los servicios públicos se registran, se analizan y se utilizan para predecir qué servicios necesitarás. Todo esto con el objetivo de "optimizar" la relación entre el Estado y sus ciudadanos. En teoría, suena bien, pero aquí es donde las cosas se ponen inquietantes. **¿Qué sucede cuando el gobierno te conoce tan bien que puede predecir tus decisiones antes de que tú mismo las tomes?**

A diferencia de la empresa privada, donde puedes decidir dejar de usar un servicio si te incomoda la recolección de datos, **no puedes simplemente "desconectarte" del gobierno**. No tienes la opción de negarte a que el Estado analice cada uno de tus movimientos, porque **estar fuera del sistema no es una opción**. En el contexto de eGovernment, el riesgo es mucho mayor: los datos no solo se usan para mejorar servicios, sino que pueden ser explotados para control social, vigilancia y toma de decisiones automatizadas que afectan tu vida de maneras más profundas que una simple recomendación de producto.

Imagina que el gobierno empieza a predecir tus necesidades de salud, educación o empleo basándose en datos históricos. **¿Y si un algoritmo decide que no mereces ciertas ayudas o servicios porque no encajas en el perfil correcto?** ¿Cómo puedes argumentar en contra de un sistema que no es transparente, que no explica cómo llegó a esas conclusiones? En el sector privado, si no te gusta cómo una empresa usa tus datos, puedes llevar tu dinero a otra parte. Pero cuando es el gobierno el que controla esos datos, **tu libertad de elección desaparece**.

La clave está en el **control y la transparencia**. En el sector privado, hay una dinámica comercial clara: las empresas buscan beneficios y los consumidores tienen cierto poder para elegir qué servicios usan. Pero en el ámbito gubernamental, la recolección de datos y el uso de IA pueden convertirse en una herramienta de control masivo si no se regulan con cuidado. **El problema no es la tecnología, es la falta de límites éticos y de protección a los ciudadanos.**

¿Qué tan cerca estamos de una distopía digital? Si seguimos permitiendo que los datos personales se comercialicen y se analicen sin ninguna regulación seria, la respuesta es: mucho más cerca de lo que creemos. Las líneas entre lo que es necesario para la innovación y lo que es una invasión flagrante de nuestra privacidad se están borrando rápidamente. **Y mientras nos distraemos con las promesas de la tecnología, estamos perdiendo de vista un derecho fundamental: el derecho a que nuestros datos personales no se conviertan en mercancía.**

4.1. Los Datos Personales como Mercancía: ¿Deberíamos Sacrificar la Privacidad por Innovación?

Tu información vale más de lo que imaginas. Cada vez que haces clic, deslizas el dedo en una pantalla, o decides compartir algo en línea, estás dejando una huella que tiene un valor incalculable. No para ti, claro, sino para las empresas y gobiernos que se alimentan de esos datos. En el mundo digital de hoy, **los datos personales son la nueva mercancía**, y las empresas tecnológicas se han vuelto maestras en explotarlos. Cada interacción, cada fragmento de información que compartes, es analizado, empaquetado y vendido. Pero la pregunta que deberíamos hacernos es: **¿a cambio de qué?**

Las grandes compañías tecnológicas —**Google, Amazon, Facebook**— han construido imperios enteros gracias a nuestra información. Nos ofrecen servicios gratuitos, interfaces amigables y la promesa de una experiencia personalizada. Y la mayoría de las veces, estamos felices de entregar nuestros datos a cambio de esa conveniencia. ¿Por qué no? Todo el mundo lo hace, y no parece haber mucho daño en ello, ¿cierto? Pero lo que pocos se detienen a considerar es que, en este intercambio, **estamos regalando nuestra privacidad a cambio de migajas de innovación**. Migajas que, además, benefician más a las empresas que a los usuarios.

Ahora, imagina esta misma lógica aplicada en el ámbito gubernamental. **Los gobiernos están aprendiendo rápido**, y han empezado a ver los datos como la clave para mejorar los servicios públicos. En teoría, suena fantástico: si el Estado puede conocer mejor a sus ciudadanos, puede anticipar sus necesidades y ofrecerles exactamente lo que necesitan, cuándo lo necesitan. Pero, ¿de verdad estamos dispuestos a sacrificar la poca privacidad que nos queda a cambio de esta supuesta "mejora"?

Cuando trabajaba en el sector privado, me encontraba constantemente en la situación de balancear entre el deseo de ofrecer una experiencia personalizada y la cantidad de datos que estábamos dispuestos a recolectar. En más de una ocasión, me pregunté hasta dónde deberíamos llegar. **¿Hasta qué punto es ético rastrear los comportamientos de los usuarios para ajustar nuestras ofertas?** En muchos casos, la presión por entregar resultados innovadores nos hacía cruzar líneas que, si hubieran sido reguladas de manera más estricta, simplemente no podríamos haber cruzado.

Ahora, imagina que esa presión de innovar y ser eficiente recae sobre un gobierno. **Un gobierno que tiene acceso no solo a tus patrones de compra o tu historial de navegación**, sino a tus datos médicos, tu situación financiera, tu ubicación física e incluso tus interacciones sociales. La tentación de usar esa información para "mejorar" los servicios públicos es inmensa. Pero, ¿dónde trazamos la línea entre mejorar la eficiencia y violar la privacidad individual?

Tomemos como ejemplo el uso de **historiales médicos** para predecir futuras necesidades de atención sanitaria. Con IA y datos bien estructurados, un gobierno podría anticipar qué ciudadanos necesitan una intervención médica antes de que ellos mismos se den cuenta. Esto podría ser muy positivo en términos de eficiencia sanitaria, pero **¿qué sucede cuando esa misma información se utiliza para tomar decisiones sobre la asignación de recursos?** ¿Y si los ciudadanos que no encajan en un perfil "óptimo" ven limitada su atención, porque los algoritmos decidieron que no son una prioridad?

Los datos se han convertido en el combustible que impulsa la innovación, pero **esa innovación tiene un precio,** y ese precio es la privacidad. Mientras que las empresas privadas utilizan nuestros datos para vendernos cosas o mejorar la publicidad, **cuando un gobierno maneja nuestros datos, la cosa cambia completamente**. Aquí no estamos hablando de que te recomienden el siguiente libro para comprar, sino de decisiones que pueden impactar tu acceso a servicios esenciales, tus derechos y hasta tu libertad.

Lo que en el sector privado puede ser tolerable, en el ámbito público **puede convertirse en un abuso monumental**. Porque mientras una empresa te ofrece la opción de "opt-out" (aunque todos sabemos que eso es más simbólico que real), en el caso del gobierno, **simplemente no puedes salir del sistema**. No puedes decidir no participar si el Estado decide que todos tus movimientos, hábitos y decisiones son información útil para sus algoritmos.

Este es el peligro real: en nombre de la innovación, estamos cediendo control sobre nuestras vidas a sistemas que no entendemos, que no podemos auditar y que, en muchos casos, **no nos ofrecen ninguna transparencia sobre cómo funcionan.** Los datos personales han dejado de ser solo una cuestión de marketing y ventas; ahora son la moneda con la que se compra poder, control y toma de decisiones.

Entonces, ¿deberíamos sacrificar nuestra privacidad por innovación? La respuesta no es simple. **La innovación es necesaria, sí, pero no a cualquier precio.** Porque una vez que entregamos nuestra privacidad, recuperarla es casi imposible. Y si no somos capaces de poner límites claros, podríamos estar construyendo un futuro donde los datos personales, más que una mercancía, se conviertan en **el medio para controlarnos.**

Quiero aclarar algo desde el principio: **no estoy en contra de la tecnología ni de la innovación.** No soy una ludita del siglo XXI que quiere frenar el avance de la IA o la digitalización en los servicios públicos. Al contrario, he pasado años de mi vida trabajando en proyectos que utilizan inteligencia artificial para mejorar la eficiencia y crear soluciones más inteligentes. **Sé de primera mano lo poderosa que puede ser la tecnología cuando se utiliza correctamente.** Pero también sé, y esto es igual de importante, que la línea entre el uso ético y el abuso puede ser extremadamente delgada.

La tecnología, en sí misma, no es el enemigo. **Es una**

herramienta, y como toda herramienta, puede ser utilizada para construir o destruir. Lo que me preocupa, y lo que debería preocuparnos a todos, es **cómo** estamos usando esta tecnología, especialmente cuando se trata de manejar algo tan delicado como los datos personales. Porque, si bien la IA y el análisis de datos tienen el potencial de transformar la administración pública para mejor, también pueden convertirse en un arma de doble filo si no se implementan con el respeto necesario hacia los derechos fundamentales de los ciudadanos.

No estoy diciendo que debemos detener la innovación en seco. **No se trata de abandonar la tecnología, sino de utilizarla de manera ética y responsable.** De hecho, la IA puede hacer mucho bien: optimizar recursos, mejorar la toma de decisiones, hacer que los servicios públicos sean más accesibles y eficientes. Pero **la eficiencia no puede ser una excusa para sacrificar la privacidad.** El fin no justifica los medios cuando se trata de los derechos fundamentales de las personas.

Tomemos el ejemplo de los **sistemas predictivos** que mencioné antes. Utilizar datos para prever la demanda de servicios de salud, por ejemplo, puede evitar saturaciones hospitalarias, mejorar la distribución de medicamentos y permitir que las intervenciones lleguen a tiempo. **Todo eso es positivo.** Sin embargo, la diferencia está en **cómo se usa esa información.** Si los datos se emplean de manera anónima, con el consentimiento de los ciudadanos, y con transparencia en cuanto a su uso, entonces estamos hablando de una aplicación ética de la tecnología. El problema surge cuando se cruzan líneas: cuando los ciudadanos no tienen control sobre cómo se recopilan y utilizan esos datos, cuando no saben quién los maneja ni con qué propósito, y cuando el gobierno utiliza esa información no solo para mejorar servicios, sino para **controlar, vigilar o discriminar**.

El dilema es este: **¿cómo podemos garantizar que la tecnología, en lugar de alienarnos, se convierta en una herramienta de empoderamiento ciudadano?** El secreto no está en evitar el uso de la IA, sino en **imponer límites claros** sobre cómo debe utilizarse. Esto significa, por ejemplo, que los ciudadanos deben tener siempre el derecho a saber **qué información está siendo recolectada, cómo se está utilizando y para qué fines.** Transparencia total. Además, debe existir la opción de decir "no". Un ciudadano debería tener el derecho a **optar por no compartir ciertos datos** si siente que se están traspasando sus límites personales. Y, por supuesto, debe haber mecanismos de supervisión independientes que auditen el uso de esos datos para asegurarse de que se respetan los derechos fundamentales.

Otro aspecto clave es el **consentimiento informado**. No basta con un formulario genérico donde aceptas los términos y condiciones sin siquiera leerlos, como hacemos con las apps comerciales. En el contexto gubernamental, **el consentimiento debe ser real y significativo.** Los ciudadanos deben entender exactamente a qué están dando su aprobación. No estamos hablando de recomendaciones de productos o anuncios personalizados aquí; estamos hablando de decisiones que pueden afectar su acceso a servicios esenciales como la salud, la educación o incluso la justicia. La participación del ciudadano no puede ser pasiva; tiene que ser activa y consciente.

Además, no podemos olvidar la **responsabilidad**. Si

un gobierno decide utilizar IA para gestionar servicios públicos, debe estar dispuesto a asumir las consecuencias de sus errores. Si un algoritmo toma una decisión incorrecta, si discrimina a ciertos grupos, si niega injustamente servicios a una persona, **el gobierno debe rendir cuentas**. La IA no puede ser utilizada como una excusa para evadir responsabilidad, diciendo "el sistema lo decidió". Porque, al final, **alguien programó este sistema, alguien entrenó ese algoritmo, y alguien decidió delegar esa tarea a una máquina.** Los seres humanos siguen siendo responsables.

Hablando directamente, **la tecnología no es el villano** de esta historia, pero tampoco es un héroe por sí sola. La tecnología puede ser parte de la solución, pero solo si se utiliza con ética, con límites claros y con un respeto absoluto hacia los derechos de los ciudadanos. **Privacidad y tecnología no tienen por qué estar enfrentadas.** Es perfectamente posible crear un gobierno digital eficiente que respete la privacidad de los ciudadanos, pero eso no ocurrirá por accidente. Necesitamos legislación clara, supervisión independiente y, lo más importante, **un compromiso firme con la ética en cada paso del camino.**

Así que no, no estoy diciendo que la tecnología sea el problema. **El problema es cómo la aplicamos.** Y si no somos capaces de hacerlo de manera responsable, estaremos sacrificando algo mucho más valioso que la eficiencia: **nuestros derechos fundamentales.**

4.2. IA y Vigilancia Masiva: ¿Qué tan cerca estamos de una Distopía Digital?

Si crees que los gobiernos y las grandes corporaciones no están observando cada uno de tus movimientos, es momento de que te despiertes de ese sueño. Ya no estamos hablando de teorías conspirativas, ni de paranoias infundadas. **La vigilancia masiva es real**, y la inteligencia artificial ha convertido algo que antes parecía exclusivo de la ciencia ficción en nuestra nueva normalidad.

Hace años, **Edward Snowden** ya nos advirtió sobre la amplitud del espionaje gubernamental a través de sistemas como PRISM, donde tus correos, llamadas y mensajes eran recopilados, analizados y almacenados sin que siquiera te dieras cuenta. Pero desde entonces, la tecnología ha evolucionado, y la **IA ha perfeccionado esas técnicas de vigilancia**. Lo que antes requería recursos gigantescos y el trabajo de miles de analistas, ahora puede ser hecho en tiempo real por algoritmos que rastrean, analizan y procesan enormes cantidades de datos a velocidades que el ojo humano jamás podría seguir.

Tomemos un ejemplo moderno: los sistemas de **reconocimiento facial** que han comenzado a proliferar en países como China. Estos sistemas, integrados con inteligencia artificial, permiten a las autoridades identificar a cualquier persona en cuestión de segundos, incluso en multitudes. No es solo cuestión de seguridad en aeropuertos o controles fronterizos. Hablamos de **vigilancia constante en las calles**, en las tiendas, en las estaciones de trenes. Con cámaras ubicuas y algoritmos que reconocen tus rasgos faciales, los gobiernos ahora tienen la capacidad de saber dónde estás, qué estás haciendo y con quién te estás relacionando en todo momento. **Y no se trata de ciencia ficción**, es la realidad en muchos lugares del mundo.

Lo más perturbador no es la tecnología en sí, sino **cómo se está utilizando**. En países donde el control social es una prioridad, como China, estos sistemas no solo se utilizan para capturar criminales. También son herramientas para **supervisar la vida cotidiana** de los ciudadanos y castigar comportamientos que se consideran inapropiados. A través del infame **sistema de crédito social**, los ciudadanos pueden perder puntos si cometen "faltas" que van desde cruzar la calle con el semáforo en rojo hasta criticar al gobierno en redes sociales. ¿Y cómo se implementa este control? Gracias a la IA que **te sigue a todas partes**.

Pero antes de que pienses que esto es solo un problema en regímenes autoritarios, mira más de cerca lo que está sucediendo en el resto del mundo. En Europa y América, los gobiernos también están adoptando la IA para la vigilancia. Lo hacen bajo el pretexto de "seguridad", "combatir el terrorismo" o "mejorar los servicios públicos". Sin embargo, el riesgo es que estas tecnologías comiencen a utilizarse de formas mucho más amplias y opacas de lo que se admite públicamente. En **Reino Unido**, las cámaras de seguridad con reconocimiento facial ya son parte del paisaje urbano, y se utilizan para identificar a individuos en tiempo real sin su consentimiento. En **Estados Unidos**, la tecnología de **Clearview AI** ha sido criticada por su uso sin regulación en departamentos de policía, que acceden a millones de imágenes recopiladas sin el conocimiento o consentimiento de los ciudadanos.

La vigilancia masiva se está normalizando, y lo

preocupante es que, a menudo, ni siquiera nos damos cuenta. Lo disfrazan de innovación, de conveniencia o de seguridad pública, pero **el control que se está acumulando en las manos de gobiernos y empresas es alarmante**. La pregunta es: **¿hasta qué punto estamos dispuestos a tolerarlo?** ¿Cuánta libertad estamos dispuestos a ceder en nombre de la seguridad y la eficiencia? Porque, seamos claros, esta tecnología no va a retroceder. Solo va a volverse más avanzada, más precisa y más difícil de controlar.

He visto cómo funciona este tipo de tecnología en proyectos para empresas privadas, donde se usaba IA para rastrear comportamientos de clientes en tiendas físicas. Cámaras que analizaban qué productos mirabas, cuánto tiempo pasabas en cada pasillo, y cuáles eran tus reacciones faciales ante ciertos productos o precios. Todo para ajustar mejor la estrategia de ventas. **Imagina ahora esa misma tecnología aplicada por un gobierno.** No para venderte un producto, sino para supervisar cada aspecto de tu vida. Las cámaras no están ahí para mejorar tu experiencia como cliente, sino para asegurarse de que sigues las reglas, de que no eres un "riesgo" para la estabilidad pública. Y cuando empiezas a pensar en ello desde esta perspectiva, la vigilancia masiva ya no parece tan inofensiva.

El problema con la vigilancia masiva basada en IA es que se vuelve **invisible**. A diferencia de los antiguos sistemas de espionaje, donde sabías que alguien podría estar escuchando tus llamadas o revisando tus correos, **la IA lo hace sin que te des cuenta**. No hay un agente humano detrás de cada movimiento; hay un algoritmo que sigue rastreando tus datos, continuamente, en segundo plano. Es la vigilancia perfecta porque **no la ves venir**. Y lo peor de todo es que, como ciudadanos, cada vez somos más complacientes con esta realidad. Nos hemos acostumbrado a que nos vigilen en nombre de la "seguridad" o la "eficiencia". Nos han convencido de que **si no tienes nada que esconder, no tienes de qué preocuparte.**

Pero esa es la mentira más peligrosa. No se trata de tener o no algo que esconder. Se trata de que la vigilancia masiva, habilitada por la IA, **destruye la idea misma de privacidad.** Nos coloca en una posición donde el simple hecho de ser observado cambia nuestro comportamiento. Vivimos bajo la constante presión de ser monitorizados, lo que nos hace más cautelosos, menos dispuestos a desafiar el statu quo, menos libres. Y eso, amigos, es una receta perfecta para una distopía digital.

¿Qué tan cerca estamos de esa distopía? Más cerca de lo que nos gustaría admitir. Porque la tecnología ya está aquí, y no se va a detener. Pero todavía tenemos una oportunidad de evitar que esta vigilancia masiva se convierta en la norma. La clave está en **imponer límites éticos y regulatorios** claros. No se trata de detener el progreso, sino de garantizar que la IA se use con un propósito claro, que sea transparente y que los ciudadanos tengan un control sobre cómo se recopilan y utilizan sus datos. **El futuro puede ser brillante**, pero solo si evitamos caer en la tentación de ceder nuestra privacidad a cambio de una falsa sensación de seguridad.

Este es un punto que debe debatirse profundamente. No podemos seguir permitiendo que la tecnología avance sin cuestionar hasta dónde queremos llegar con el control de nuestros datos y movimientos. La conversación no puede quedarse en manos de tecnólogos o gobiernos; **necesitamos que la sociedad en su conjunto decida cuáles son los límites éticos de la vigilancia masiva**. ¿Hasta qué punto estamos dispuestos a ceder nuestra privacidad en nombre de la seguridad? Y más importante aún, **¿quién está vigilando a los vigilantes?**

Este no es solo un debate técnico, es un **debate sobre los derechos fundamentales**. Porque lo que está en juego aquí es más que la simple recolección de datos: es nuestra libertad para movernos, expresarnos y vivir sin la sombra constante de la supervisión estatal o corporativa. Si no discutimos este tema con seriedad y con la urgencia que merece, corremos el riesgo de aceptar, por complacencia o por miedo, un futuro en el que **la vigilancia sea la norma** y no la excepción.

4.3. De Cambridge Analytica a Clearview AI: ¿Dónde Dibujamos la Línea?

Si algo nos han enseñado los escándalos de los últimos años, es que **la línea entre el uso responsable de los datos y el abuso descarado es peligrosamente fina**. ¿Hasta dónde puede llegar el control sobre nuestra información antes de que crucemos un punto de no retorno? Dos de los casos más perturbadores —**Cambridge Analytica** y **Clearview AI**— nos muestran no sólo cómo la manipulación de datos puede tener efectos devastadores, sino también cómo la tecnología de

IA está redibujando esa línea en arenas cada vez más pantanosas.

Comencemos con **Cambridge Analytica**. Este escándalo fue, para muchos, la primera vez que realmente se percataron de **cuán profundamente pueden penetrar en nuestra vida privada** aquellos que manejan nuestros datos. Lo que parecía ser un inocente "quiz" en Facebook terminó en la recopilación de información personal de **87 millones de usuarios**, cuyos datos fueron utilizados para influir en elecciones en todo el mundo. **Cambridge Analytica no solo sabía quiénes éramos**: sabía qué nos movía, qué nos asustaba, qué nos hacía vulnerables. Esa información fue usada para manipular nuestras decisiones políticas, erosionando la integridad del proceso democrático. **La IA ayudó a amplificar estos esfuerzos**, analizando los datos y creando perfiles psicológicos detallados para dirigir mensajes políticos precisos a cada persona.

Si el caso de Cambridge Analytica fue el despertar de muchos sobre los peligros de la manipulación de datos personales, **Clearview AI** es la continuación distópica de esa historia. Clearview desarrolló un software de reconocimiento facial que recopiló **más de 3 mil millones de imágenes** sin el consentimiento de los usuarios, tomadas de plataformas como Facebook, Instagram y YouTube. ¿El resultado? Un sistema que permite a las fuerzas del orden —y a cualquiera dispuesto a pagar— **identificar a casi cualquier persona** con solo una foto. Y no hablamos de criminales buscados; hablamos de ciudadanos comunes que ni siquiera saben que su rostro ha sido capturado, analizado y almacenado.

El problema con Clearview AI no es solo la violación

masiva de privacidad, sino también el **poder inmenso** que este tipo de tecnología pone en manos de quienes la controlan. Imagina ser identificado en cualquier lugar público, en cualquier momento, sin tener idea de quién está mirando. Es la **vigilancia total hecha realidad.** ¿Qué sucede cuando estas herramientas, que pueden ser vendidas a gobiernos y corporaciones, se usan sin ningún tipo de regulación o rendición de cuentas?

Estos dos casos plantean una pregunta urgente: **¿dónde trazamos la línea?**. En un mundo donde los datos se han convertido en el nuevo petróleo, donde la IA puede identificar, manipular y predecir nuestro comportamiento con una precisión aterradora, debemos preguntarnos qué estamos dispuestos a sacrificar a cambio de la comodidad y la eficiencia. Porque, no nos engañemos: si no trazamos la línea, si seguimos permitiendo que empresas y gobiernos acumulen nuestros datos sin restricciones, **esa línea dejará de existir.**

El problema no es solo que estos sistemas existan, sino **cómo se utilizan** y, sobre todo, **quién los controla.** Cambridge Analytica y Clearview AI son ejemplos de lo que sucede cuando **el poder de los datos personales cae en manos equivocadas.** Y aquí es donde la pregunta ética cobra aún más importancia: **¿cómo podemos prevenir que esta tecnología se convierta en una herramienta de control absoluto?**

No es suficiente con escandalizarnos cuando estos casos salen a la luz. **Debemos debatir con seriedad cómo y cuándo debe limitarse el uso de tecnologías como la IA y el reconocimiento facial.** No podemos confiar en que las empresas se autorregulen, porque como ya hemos visto, el incentivo financiero siempre gana sobre la ética. Los gobiernos deben intervenir, pero no solo para beneficiarse de estas tecnologías, sino para **imponer límites claros** y garantizar que los derechos fundamentales de los ciudadanos no sean pisoteados en nombre del progreso.

El caso de Clearview AI debería haber sido un parteaguas, un llamado a la acción para regular el uso del reconocimiento facial y otras tecnologías invasivas. Pero, en cambio, hemos visto una adopción cada vez mayor de estas herramientas por parte de gobiernos y fuerzas de seguridad, **con muy poca supervisión.** Y esto no es solo un problema de un país o una región. Es un desafío global.

¿Dónde dibujamos la línea? Debe ser trazada antes de que el uso de estas tecnologías sea tan generalizado que ya no tengamos opción de revertirlo. Porque una vez que entregamos nuestros datos, nuestras imágenes, nuestras vidas, es casi imposible recuperarlos. **Es el momento de establecer reglas claras y transparentes,** de definir hasta dónde estamos dispuestos a permitir que las tecnologías de IA invadan nuestra privacidad y qué límites no deben cruzarse bajo ninguna circunstancia.

El futuro de nuestros derechos digitales depende de las decisiones que tomemos hoy. Si no tomamos el control ahora, otros lo harán por nosotros. Y si algo hemos aprendido de Cambridge Analytica y Clearview AI es que, cuando eso ocurre, **somos nosotros los que pagamos el precio.**

Capítulo 5:
El Desafío de Regular la IA: ¿Legislar a Ciegas o Esperar el Apocalipsis?

La inteligencia artificial (IA) no es solo una tecnología en rápida expansión; se ha convertido en un fenómeno transformador que está redefiniendo los cimientos de nuestra sociedad a una velocidad sin precedentes. Desde cómo consumimos información hasta la forma en que se toman decisiones críticas en el ámbito económico, social y político, la IA está en todas partes. Sin embargo, mientras que las empresas tecnológicas avanzan sin cesar, los gobiernos y reguladores luchan por mantenerse al día. La pregunta crítica es clara: ¿cómo podemos legislar algo que ni siquiera comprendemos por completo?

El desafío de regular la IA va más allá de la tecnología en sí; es un problema ético, político y filosófico. Estamos hablando de sistemas autónomos que no solo ejecutan tareas programadas, sino que aprenden, evolucionan y toman decisiones con un nivel de autonomía que no siempre puede ser entendido ni siquiera por sus propios creadores. Y mientras la IA se infiltra cada vez más en nuestras vidas, los reguladores están atascados en un ciclo de falsas certezas, creyendo que los marcos regulatorios actuales, diseñados para industrias más estáticas, como la manufactura o el comercio, pueden aplicarse a la tecnología más disruptiva de nuestra era.

La IA, con su capacidad de autoaprendizaje y

adaptación, rompe cualquier molde legal o ético existente. Y lo más preocupante es que, mientras las instituciones tratan de regularla, las empresas tecnológicas parecen siempre un paso adelante, diseñando y desplegando herramientas que transforman nuestras sociedades sin freno ni control. En este contexto, la gran pregunta es: ¿estamos legislando a ciegas o simplemente esperando a que las cosas se desmoronen por completo?

5.1. La Carrera Regulatoria: ¿Cómo Regular una Tecnología que Cambia Más Rápido que la Ley?

Intentar regular la IA es como intentar atrapar un tren en movimiento. La velocidad de los avances tecnológicos es abrumadora, mientras que los procesos legislativos están diseñados para cambios más lentos y deliberados. Esta disparidad es evidente en todas partes, desde los algoritmos de redes sociales hasta los sistemas de IA en el ámbito sanitario, donde la innovación avanza mucho más rápido que las normativas que intentan regularla.

Un ejemplo claro de esta disparidad es el Reglamento General de Protección de Datos (GDPR) de la Unión Europea. Este marco legal, aprobado en 2016 y puesto en marcha en 2018, fue aclamado como uno de los esfuerzos más avanzados para proteger la privacidad de los ciudadanos en la era digital. No obstante, para cuando el GDPR se implementó, la tecnología de minería de datos y análisis algorítmico había evolucionado a un nivel que superaba lo previsto por los reguladores. Si bien el GDPR estableció principios importantes, las empresas tecnológicas ya estaban utilizando IA para recolectar y procesar comportamientos, emociones y decisiones de los usuarios de maneras que el reglamento no contemplaba.

Este es el problema central: la tecnología no espera. Mientras los legisladores se enredan en comités, redacción de leyes y debates parlamentarios, los ingenieros de IA crean nuevos modelos y aplicaciones que redefinen lo que la IA puede hacer. Y no es solo que las leyes no alcancen a regular lo que ya existe; cada nuevo avance genera nuevos dilemas éticos y jurídicos que ni siquiera habíamos anticipado.

El procesamiento del lenguaje natural, por ejemplo, ha permitido que IA como GPT-4 escriba ensayos, redacte informes, y hasta cree poesía, pero los marcos regulatorios no abordan adecuadamente los derechos de autor, la propiedad intelectual ni la responsabilidad detrás de estos sistemas. ¿Qué pasa si una IA genera un texto ofensivo o difamatorio? ¿Quién es responsable? ¿El desarrollador? ¿La empresa que implementa la IA? Estas preguntas son cada vez más urgentes, pero los legisladores no tienen respuestas claras.

Un problema aún más profundo es la opacidad de la IA. Muchos de los sistemas actuales funcionan como "cajas negras", es decir, su funcionamiento interno es tan complejo que ni siquiera sus propios creadores pueden explicar completamente cómo toman decisiones. Esto plantea un desafío ético crucial: ¿Cómo responsabilizamos a una IA cuando algo sale mal si no podemos entender cómo toma decisiones? Si un algoritmo deniega un préstamo a una persona, determina una sentencia judicial más severa o decide qué paciente tiene prioridad en una emergencia médica, ¿cómo garantizamos la transparencia y la justicia en esas decisiones?

Aquí es donde las limitaciones de la regulación tradicional se hacen evidentes. Los modelos legales actuales, basados en principios como la rendición de cuentas, simplemente no son aplicables a sistemas autónomos que aprenden y evolucionan. La idea de que un algoritmo "decida" algo es difícil de conceptualizar bajo las normas legales vigentes, y mucho menos de regular con precisión.

Una posible solución sería establecer marcos regulatorios dinámicos, que pudieran ajustarse de manera rápida y eficiente a medida que la IA evoluciona. Pero esto requeriría una cooperación estrecha entre legisladores y tecnólogos, algo que hasta ahora ha sido limitado. La desconexión entre ambos mundos es preocupante. Mientras que los legisladores a menudo carecen del conocimiento técnico para entender las implicaciones de la IA, los tecnólogos, centrados en la innovación, no siempre ven la importancia de la regulación y la ética. Esta falta de diálogo y comprensión mutua nos está dejando con un sistema ineficaz para abordar los riesgos inherentes de la IA.

Y aunque algunos países, como la Unión Europea, están intentando diseñar una regulación proactiva, el panorama global es un caos. Mientras que Europa trata de liderar con regulaciones que clasifican la IA según el nivel de riesgo, otras regiones, como China, están apostando por un desarrollo sin restricciones, lo que plantea otro desafío: la competitividad global. Si las regulaciones occidentales son demasiado estrictas, las empresas tecnológicas pueden simplemente moverse a jurisdicciones más laxas, donde puedan desarrollar IA sin las limitaciones impuestas en sus países de origen. Esto crea una dinámica peligrosa en la que los países que intentan regular pierden competitividad, mientras que aquellos que ignoran los riesgos éticos avanzan tecnológicamente.

El riesgo es evidente: si no logramos regular la IA de manera efectiva, podríamos enfrentarnos a un futuro donde la tecnología avance sin control, afectando la privacidad, los derechos humanos y las libertades civiles. El tiempo para actuar es ahora, pero el proceso legislativo actual simplemente no puede seguir el ritmo de los avances tecnológicos. ¿Qué hacemos entonces?

5.2. Las Empresas Tecnológicas vs. Los Gobiernos: ¿Quién Tiene el Control?

Si aún crees que los gobiernos tienen el control sobre la IA, permíteme corregirte: no lo tienen. En el siglo XXI, las verdaderas fuerzas impulsoras de la sociedad no son los políticos, sino las megacorporaciones tecnológicas que controlan los algoritmos y las plataformas que usamos a diario. Empresas como Google, Amazon, Meta y Microsoft están a la vanguardia del desarrollo de la IA y, lo que es más preocupante, son quienes controlan gran parte de los datos y las infraestructuras tecnológicas globales. Mientras los gobiernos tratan de regular a estas gigantescas corporaciones, éstas ya han tomado la delantera, determinando las reglas del juego antes de que los reguladores puedan siquiera entender el juego.

El poder de las empresas tecnológicas sobre la IA es inmenso. Estas empresas tienen los recursos financieros, los mejores ingenieros y los datos que son el combustible de la IA. A medida que las regulaciones avanzan, estas empresas también adaptan sus modelos de negocio para esquivar cualquier restricción que se les imponga. Por ejemplo, mientras que la Unión Europea ha intentado regular la recolección y uso de datos, Google y Facebook simplemente ajustaron sus políticas para seguir operando con mínimos cambios en sus prácticas.

El abismo de poder entre las empresas tecnológicas y los gobiernos nunca ha sido tan evidente. Las grandes tecnológicas son verdaderas superpotencias económicas y tecnológicas, capaces de influir en políticas globales, mercados y comportamientos sociales a una escala que hace que los esfuerzos regulatorios parezcan insignificantes. Amazon, por ejemplo, no solo domina el comercio electrónico; también controla infraestructura crítica a través de su servicio de Amazon Web Services (AWS), utilizado por millones de empresas y gobiernos de todo el mundo. Facebook ha creado una plataforma que influye en la opinión pública a través de algoritmos que deciden qué información recibe cada usuario. Mientras tanto, Google define cómo accedemos al conocimiento y qué información es más relevante para cada uno de nosotros.

Un ejemplo claro del poder de las empresas tecnológicas frente a los gobiernos fue el conflicto entre Australia y Facebook en 2021. El gobierno australiano aprobó una ley que exigía que las plataformas tecnológicas pagarán a los medios de comunicación por el uso de su contenido noticioso. En respuesta, Facebook bloqueó temporalmente todo el contenido noticioso en su plataforma para los usuarios australianos, un acto de fuerza que demostró el control que estas empresas tienen sobre la información pública. El mensaje era claro: si los gobiernos intentan regular demasiado, las empresas tecnológicas tienen los recursos y la influencia para contraatacar.

Este episodio subraya una verdad inquietante: los gobiernos dependen de estas plataformas tecnológicas para comunicarse con sus ciudadanos, difundir información y, en muchos casos, gestionar infraestructuras críticas. En lugar de que los gobiernos controlen a las corporaciones, parece que las corporaciones tecnológicas están controlando a los gobiernos.

Otro ejemplo es el uso de algoritmos de IA por parte de las empresas tecnológicas para influir en elecciones y manipular la opinión pública. Durante las elecciones presidenciales de Estados Unidos en 2016, las plataformas de redes sociales, en particular Facebook, fueron utilizadas para manipular el voto y sembrar división política a través de campañas de desinformación dirigidas específicamente a los usuarios más vulnerables. Estas campañas no fueron dirigidas por gobiernos, sino por empresas privadas y actores que aprovecharon los poderosos algoritmos para influir en el comportamiento de millones de personas.

La falta de regulación efectiva ha permitido que estas empresas tecnológicas consoliden su poder sin enfrentar consecuencias significativas. Mientras los gobiernos luchan por imponer normas mínimamente efectivas, las empresas tecnológicas autorregulan sus operaciones, o al menos, eso es lo que afirman. En realidad, el control que ejercen sobre sus propios algoritmos es opaco y está lleno de vacíos. Nadie fuera de estas empresas sabe realmente cómo funcionan los algoritmos que controlan gran parte de nuestra interacción con el mundo digital. Y sin esta transparencia, los gobiernos no tienen forma de supervisar ni regular adecuadamente lo que ocurre dentro de estas plataformas.

El dilema es claro: ¿Quién tiene el control? Hoy, las empresas tecnológicas. Estas megacorporaciones son las verdaderas superpotencias del siglo XXI, y si los gobiernos no encuentran una manera de recuperar al menos parte de ese control, el futuro estará en manos de aquellos que, con solo ajustar un algoritmo, pueden cambiar el rumbo de naciones enteras.

5.3. La IA como Arma Política: Manipulación, Fake News y Guerra Digital

Mientras el mundo se maravilla con los avances de la IA, un campo de batalla mucho más oscuro está emergiendo: el uso de la IA como arma política. Lejos de ser una herramienta neutral, la IA se está utilizando para influenciar, manipular y, en algunos casos, destruir la confianza pública en las instituciones democráticas. Y mientras nos enfocamos en los beneficios que la IA puede aportar a nuestras vidas, una guerra digital silenciosa está en marcha, una guerra que utiliza algoritmos no solo para analizar nuestros comportamientos, sino para manipularlos de formas tan sutiles que ni siquiera las percibimos.

El caso de Cambridge Analytica, destapado en 2018, fue solo el comienzo. Este escándalo reveló cómo los datos de millones de usuarios de Facebook fueron explotados para construir perfiles psicológicos increíblemente detallados de votantes, que luego fueron utilizados para manipular las elecciones a través de campañas de microtargeting. Estos mensajes estaban diseñados específicamente para explotar las vulnerabilidades emocionales de los votantes, influyendo en sus percepciones políticas de maneras profundamente personalizadas.

La IA fue clave para el éxito de estas campañas. Los algoritmos avanzados no solo analizaban grandes volúmenes de datos, sino que identificaban patrones de comportamiento que luego se utilizaban para diseñar mensajes políticos manipuladores, personalizados para cada usuario. Esto no es simplemente publicidad dirigida; es manipulación psicológica en su forma más pura. Y lo más preocupante es que, a medida que la tecnología de IA continúa mejorando, estas tácticas se están volviendo más precisas y difíciles de detectar.

El peligro no se detiene en la manipulación electoral. El fenómeno de las fake news ha sido amplificado por la IA, permitiendo que las noticias falsas se difundan con una velocidad y un alcance que antes era impensable. Los algoritmos de recomendación utilizados por plataformas como Facebook y YouTube son increíblemente efectivos para identificar a los usuarios más propensos a creer en teorías conspirativas o en desinformación, y luego les bombardean con contenido que confirma sus creencias, atrapándolos en una cámara de eco digital.

Uno de los desarrollos más alarmantes ha sido la creación de deepfakes, videos generados por IA que muestran a personas —a menudo figuras públicas— diciendo o haciendo cosas que nunca sucedieron. Al principio, los deepfakes eran fáciles de detectar, pero la tecnología ha avanzado tanto que ahora es casi imposible distinguir un video falso de uno real. Imagina a un líder político siendo falsamente acusado de hacer una declaración incendiaria en un video viral. Para cuando se haya demostrado que el video es falso, el daño ya estará hecho. La percepción pública habrá cambiado, y la desconfianza en los medios tradicionales habrá aumentado.

Pero las fake news y los deepfakes no son las únicas armas digitales a disposición de los actores malintencionados. Los bots impulsados por IA, que simulan ser usuarios reales en redes sociales, están siendo utilizados para influir en conversaciones, manipular tendencias y polarizar aún más las sociedades. Durante las elecciones de 2016 en Estados Unidos, los bots pro-Trump y anti-Clinton se utilizaron para difundir desinformación, generando la ilusión de apoyo masivo para ciertas ideas o narrativas. La IA permitió que estos bots interactuaran con usuarios reales de manera convincente, inyectando caos en las conversaciones en línea y exacerbando las divisiones sociales.

La guerra digital impulsada por IA también está siendo utilizada como una herramienta geopolítica. Gobiernos como los de Rusia y China han utilizado la IA para lanzar campañas masivas de desinformación, con el objetivo de desestabilizar democracias occidentales. Estas campañas no solo manipulan la opinión pública, sino que también siembran desconfianza hacia las instituciones democráticas, debilitando los cimientos de sociedades enteras.

A pesar de estos riesgos existenciales, la IA también puede ser nuestra aliada en la lucha contra la manipulación digital. Los algoritmos de detección de desinformación están mejorando, utilizando IA para rastrear patrones de comportamiento sospechosos y detectar deepfakes antes de que se vuelvan virales. Plataformas como Full Fact están desarrollando sistemas basados en IA que pueden verificar hechos en tiempo real, comparando información de múltiples fuentes y alertando a los usuarios cuando encuentran discrepancias.

Además, las herramientas de IA que rastrean el comportamiento de los bots en las redes sociales son cada vez más efectivas. Al identificar patrones de actividad no humana, como la publicación coordinada de contenido en masa, estas herramientas pueden marcar o bloquear cuentas antes de que su influencia se haga demasiado significativa.

Sin embargo, la tecnología por sí sola no es suficiente. La lucha contra la manipulación política impulsada por IA no puede delegarse únicamente en los algoritmos de verificación. También necesitamos una alfabetización digital sólida, para que los ciudadanos puedan reconocer la desinformación y actuar de manera crítica frente a los contenidos que consumen.

Estamos en medio de una guerra digital, y si no tomamos medidas proactivas para frenar la manipulación impulsada por IA, las consecuencias para nuestras democracias podrían ser devastadoras. La IA tiene el potencial de ser una herramienta de emancipación o un arma de control. La decisión de cuál de estos futuros prevalece dependerá de nuestra capacidad para regular, monitorear y controlar su uso antes de que sea demasiado tarde.

5.4. IA y el Vacío Legal: ¿Qué pasa cuando la tecnología va más rápido que la Justicia?

La **inteligencia artificial (IA)** está remodelando el funcionamiento de empresas, gobiernos e instituciones a una velocidad sin precedentes. Sectores tan diversos como la **salud, educación, comercio y seguridad** están experimentando una transformación radical debido a la adopción masiva de sistemas autónomos que aprenden, toman decisiones y, en muchos casos, actúan de manera independiente. Sin embargo, mientras la IA avanza a pasos agigantados, **el marco legal actual** no ha sido capaz de seguirle el ritmo. Esto está generando un **vacío legal** que podría tener **consecuencias catastróficas** para nuestras sociedades.

El **problema de la regulación de la IA** no es sólo técnico; es también **ético, filosófico** y político. La IA plantea dilemas que las leyes actuales simplemente **no saben abordar.** Por ejemplo, **¿qué ocurre cuando un algoritmo comete un error catastrófico?** ¿Quién debe asumir la responsabilidad cuando la IA toma decisiones críticas en áreas como el **diagnóstico médico,** la **conducción autónoma** o las **recomendaciones judiciales?** Estas preguntas, que hasta hace unos años parecían especulativas o propias de la ciencia ficción, son ahora **urgentes y reales,** ya que los sistemas autónomos están cada vez más presentes en **la toma de decisiones diarias.**

El desafío es inmenso: mientras los sistemas autónomos siguen tomando **decisiones cada vez más complejas, el vacío legal** crece. **¿Cómo pueden las leyes —diseñadas para un mundo que evolucionaba de manera lineal— adaptarse a una realidad en la que las máquinas no solo ejecutan, sino que **crean y aprenden** por sí mismas?

Capítulo 6:
La Brecha Ética: ¿Puede la IA ser Justa en un Mundo Injusto?

La inteligencia artificial, esa maravilla tecnológica que promete transformar industrias, acelerar la innovación y resolver problemas globales, sigue arrastrando uno de los problemas más viejos de la humanidad: la **injusticia**. Nos la venden como la gran igualadora, un sistema imparcial que tomará decisiones objetivas y eliminará los sesgos que durante siglos han contaminado nuestra sociedad. Pero, ¿realmente puede la IA cumplir esa promesa? ¿Es capaz de ser justa en un mundo profundamente desigual? Spoiler: **no tan rápido**.

Si algo hemos aprendido en los últimos años es que la IA no es un ente neutral. Al contrario de lo que muchos creen, **los algoritmos no se generan en un vacío moral o cultural.** Están construidos sobre los datos que nosotros, los humanos, proporcionamos. Y aquí es donde empieza el problema. **La IA aprende de nuestro pasado**, de nuestras decisiones, y ese pasado está repleto de discriminación, desigualdad y errores. Por lo tanto, el sueño de una IA imparcial se desmorona rápidamente cuando nos damos cuenta de que esos algoritmos, en lugar de corregir nuestras fallas, tienden a amplificarlas. **La IA no es intrínsecamente justa ni injusta, pero refleja y perpetúa las injusticias del sistema que la alimenta.**

Uno de los puntos críticos en este debate es el **sesgo algorítmico.** Los desarrolladores de IA suelen argumentar que los algoritmos son una mejora respecto a la toma de decisiones humanas, ya que pueden procesar enormes cantidades de datos sin la interferencia de las emociones, prejuicios o errores cognitivos que afectan a los humanos. **Eso suena perfecto, ¿no?** La realidad es mucho más oscura. Los algoritmos no son más que reflejos de los datos que utilizan, y estos datos suelen estar contaminados por siglos de prejuicios, racismo, sexismo y desigualdad estructural.

Por ejemplo, en el mundo de la justicia penal, varios sistemas de inteligencia artificial han sido implementados en Estados Unidos para predecir la reincidencia de los criminales. Estos sistemas analizan los historiales de arrestos y condenas para sugerir si un acusado tiene un alto riesgo de volver a delinquir. Pero, como muestran los estudios, **los algoritmos tienden a clasificar desproporcionadamente a las personas negras como de "alto riesgo"**, mientras que las personas blancas son clasificadas como "bajo riesgo", incluso si presentan historiales criminales similares. **El sesgo racial no se ha corregido; se ha institucionalizado.** Lo peor de todo es que este fallo ya no se percibe como una decisión humana con sesgos, sino como un resultado neutral, objetivo y matemático. **Es racismo con una capa de credibilidad técnica.**

Lo mismo ocurre en áreas como la contratación laboral o los sistemas de crédito, donde los algoritmos están tomando decisiones que **profundizan las disparidades socioeconómicas** en lugar de corregirlas. En los procesos de contratación, por ejemplo, la IA a menudo ha sido programada para buscar patrones basados en datos históricos. Si, históricamente, ciertos grupos han sido favorecidos (hombres blancos, en muchos casos), **el algoritmo simplemente aprenderá que esos perfiles son los "mejores" y**

perpetuará la desigualdad.

A nivel global, **la IA está exacerbando las diferencias entre las naciones desarrolladas y las economías emergentes**. Mientras los países ricos invierten miles de millones en el desarrollo de IA, en los países en vías de desarrollo las capacidades para adoptar estas tecnologías son extremadamente limitadas. Las economías más poderosas no solo poseen la infraestructura tecnológica, sino que también **controlan los datos**, el recurso más valioso en la era de la inteligencia artificial. El acceso a datos de calidad es lo que permite a los algoritmos aprender, mejorar y ser más efectivos. **Sin datos, no hay IA**. Y mientras las grandes corporaciones tecnológicas recolectan datos masivos de usuarios en todo el mundo, los países que no tienen la capacidad de generar o acceder a estos datos **quedan excluidos del desarrollo de IA**, dependiendo completamente de la tecnología que les proporcionan las naciones ricas.

Esto crea un ciclo de desigualdad global. **Los países más desarrollados consolidan su liderazgo tecnológico**, utilizando la IA para avanzar en sectores críticos como la sanidad, la educación y la economía. Mientras tanto, los países en desarrollo **se ven forzados a consumir la IA como meros clientes**, sin capacidad real para influir en su diseño o implementación. En lugar de ser una herramienta para reducir la brecha entre naciones ricas y pobres, la IA corre el riesgo de **agrandar esa brecha**, consolidando una nueva clase de imperialismo digital.

Por otro lado, no es solo una cuestión de acceso a la tecnología, sino también de cómo los datos se extraen y utilizan en las economías emergentes. Muchas veces, las grandes corporaciones tecnológicas, bajo la apariencia de "desarrollo tecnológico" o "inclusión digital", **extraen datos de poblaciones vulnerables en estos países sin ofrecer nada a cambio**. Este tipo de extractivismo digital plantea preguntas urgentes sobre quién se beneficia realmente del auge de la IA y si estamos perpetuando una forma moderna de colonialismo, donde los datos son los nuevos recursos explotados.

Otro aspecto clave en la conversación sobre justicia en la IA es **quién la está diseñando**. Los algoritmos de IA no se crean en el vacío; son creados por personas. Y aquí radica otro problema: **la falta de diversidad** en los equipos que desarrollan estas tecnologías. La industria tecnológica sigue dominada por hombres blancos, particularmente en Silicon Valley. Esto significa que las personas que están diseñando los algoritmos —aquellos que decidirán qué es justo, qué es eficiente, qué es ético— **provienen de un entorno homogéneo**, con experiencias y valores similares. **El resultado es que la IA no está hecha para todos; está hecha por y para una minoría poderosa**.

Esta homogeneidad en la creación de IA también contribuye al sesgo en los datos y en el diseño de los sistemas. **Un sistema que no considera las realidades de las minorías raciales, de género o socioeconómicas** está condenado a ser injusto. Y no se trata solo de diversificar los equipos, sino de **cambiar las estructuras de poder** dentro de la industria tecnológica. Hasta que no se integren voces diversas en el diseño y desarrollo de la IA, esta tecnología seguirá siendo un reflejo de las desigualdades de quienes la crean.

Con todo lo mencionado, la pregunta sigue siendo: **¿podemos realmente crear una IA justa?**. Si aceptamos que la IA es una herramienta creada por humanos y que los humanos somos inherentemente imperfectos y prejuiciosos, entonces **es difícil imaginar una IA totalmente imparcial**. Sin embargo, eso no significa que debamos renunciar a la idea de justicia en la inteligencia artificial.

Hay esfuerzos importantes en marcha para mitigar estos problemas. Algunas empresas y organizaciones están trabajando en **auditorías algorítmicas** que buscan detectar y corregir sesgos en los sistemas de IA. Además, hay iniciativas para **democratizar el acceso a la IA**, brindando herramientas y recursos a comunidades y países que han sido históricamente excluidos del desarrollo tecnológico. Pero estas iniciativas aún son incipientes y enfrentan el desafío de luchar contra **estructuras de poder profundamente arraigadas** que benefician a unos pocos.

Además, está el enfoque de utilizar la IA **como una herramienta para combatir la desigualdad**, en lugar de perpetuarla. Por ejemplo, los algoritmos pueden ser entrenados para identificar patrones de discriminación en grandes conjuntos de datos, ayudando a corregir sesgos en sectores como la justicia penal, el mercado laboral y la atención médica. **Pero esto requiere una voluntad política y ética** que, lamentablemente, no siempre está presente en las empresas tecnológicas o en los gobiernos que priorizan la eficiencia y el beneficio sobre la equidad.

Entonces, **¿puede la IA ser justa en un mundo injusto?**. La respuesta es compleja. La tecnología, en sí misma, **no tiene moral**; es un reflejo de quienes la diseñan y de los datos que la alimentan. En un mundo donde las desigualdades son profundas y sistémicas, **la IA no puede, por sí sola, corregir esas fallas**. Sin embargo, tiene el potencial de ser una herramienta poderosa para avanzar hacia una mayor equidad, siempre y cuando se diseñe con ese propósito en mente.

El reto no es sólo técnico; es ético, social y político. La pregunta no es si podemos hacer que la IA sea justa, sino **si estamos dispuestos a hacerlo**. Porque mientras sigamos utilizando la IA para reflejar los valores de un mundo desigual, **seguiremos obteniendo resultados desiguales**. La justicia en la IA es posible, pero requerirá mucho más que corregir algunos algoritmos; requerirá una **transformación profunda en la forma en que concebimos la tecnología y su papel en nuestra sociedad.**

6.1. La IA en Economías Emergentes: La Brecha Digital en Escala Global

La inteligencia artificial ha sido presentada como la gran solución a muchos de los problemas del mundo: desde el cambio climático hasta la atención médica, pasando por la educación y el desarrollo económico. En teoría, la IA promete ser la herramienta que **cierre las brechas de desigualdad** y lleve a los países en desarrollo a nuevas alturas de progreso. **Pero, como siempre, la realidad es un poco más complicada.** En lugar de reducir las desigualdades globales, la

IA corre el riesgo de **ampliar** las brechas existentes, creando una nueva clase de países: **los que controlan la IA y los que dependen de ella.**

El problema comienza con el **acceso desigual a la tecnología.** Las economías más avanzadas tienen los recursos, la infraestructura y el talento necesarios para **desarrollar y aprovechar** la inteligencia artificial a gran escala. Mientras tanto, muchas economías emergentes **luchan por proporcionar acceso básico a internet**, ni hablar de implementar tecnologías avanzadas como la IA. Aunque grandes corporaciones tecnológicas, como Google o Microsoft, se han aventurado en estas regiones con promesas de cerrar la brecha digital, **la verdad es que este esfuerzo suele ser más simbólico que real.**

Tomemos el ejemplo de África, donde sólo alrededor del 30% de la población tiene acceso a internet. En regiones rurales, esta cifra desciende aún más. **¿Cómo puede implementarse IA en agricultura o salud pública** si los agricultores ni siquiera tienen acceso a una conexión estable para beneficiarse de las herramientas digitales? A primera vista, la solución parecería ser aumentar el acceso a la tecnología, pero aquí es donde se hace evidente otra barrera: **la falta de datos locales relevantes.** Las aplicaciones de IA dependen de grandes cantidades de datos para funcionar correctamente, y **en muchas economías emergentes, esos datos simplemente no existen** o no están disponibles en un formato utilizable.

El acceso desigual a los **datos** es otro gran obstáculo. Los países en vías de desarrollo **carecen de la capacidad de recopilar, organizar y proteger datos a la escala que**

requieren los sistemas de IA. Mientras tanto, las grandes corporaciones tecnológicas que operan en estas regiones no solo tienen los recursos para recopilar estos datos, sino que también se benefician enormemente de hacerlo. ¿Y qué reciben las economías emergentes a cambio? Un acceso limitado a las herramientas de IA, **pero sin control real sobre los datos que impulsan estas herramientas**.

Esto nos lleva a una cuestión crítica: **la explotación de datos en las economías emergentes**. Aunque se promueve la IA como una forma de generar oportunidades, muchas veces **el verdadero objetivo es acceder a nuevos mercados de datos**. Las grandes corporaciones tecnológicas ven en estas regiones un vasto campo inexplorado donde pueden extraer datos de los ciudadanos sin enfrentar las mismas regulaciones estrictas que en las economías desarrolladas. **Este extractivismo digital** se parece al antiguo colonialismo, pero en lugar de materias primas, las empresas extraen la información personal y los comportamientos de los usuarios.

Imaginemos por un momento a una comunidad rural en India o Kenia donde se implementan tecnologías de IA para mejorar la agricultura. El objetivo podría ser mejorar las cosechas mediante la predicción de patrones climáticos o la optimización del uso del agua. Sin embargo, **la verdadera riqueza en este escenario no está en las cosechas**, sino en los datos que los agricultores están generando sin saberlo: sus comportamientos, sus elecciones, sus decisiones diarias, todo es registrado por los sistemas de IA y enviado a servidores en Silicon Valley o Pekín. Estos datos son luego utilizados por las corporaciones tecnológicas para mejorar sus propios productos o venderlos a terceros. **El ciclo de explotación se**

perpetúa, y los beneficios de la IA rara vez llegan a quienes más los necesitan.

Pero no solo se trata de una cuestión de **recopilación de datos**, sino también de **quién tiene acceso a la tecnología en primer lugar**. En muchas economías emergentes, la introducción de IA suele estar limitada a las **élites urbanas**, dejando a las comunidades rurales y marginales más vulnerables y desconectadas que nunca. **El potencial de la IA para resolver problemas rurales, como la falta de acceso a la atención médica o la escasez de recursos educativos, es inmenso**, pero si estas soluciones solo llegan a un pequeño porcentaje de la población, **el impacto real es mínimo**. De hecho, **esto podría aumentar la desigualdad interna**, creando dos realidades completamente distintas dentro de un mismo país: una minoría que se beneficia de la revolución tecnológica y una mayoría que sigue viviendo en el siglo XX, desconectada y desatendida.

Pero no todo es tan sombrío. Aunque la brecha tecnológica es real, **hay un rayo de esperanza en la democratización del conocimiento**. Gracias a plataformas de aprendizaje online como **YouTube, Coursera, Platzi, Khan Academy y edX**, millones de personas en economías emergentes están accediendo a educación de alta calidad que antes les hubiera sido inaccesible. **El conocimiento técnico** sobre cómo funciona la IA, desde los fundamentos de la programación hasta el desarrollo de modelos avanzados, **ya no está reservado exclusivamente para las élites educativas de los países desarrollados.**

Por ejemplo, un joven en Nigeria o India con acceso a internet puede aprender a programar, entrenar modelos de machine learning y desarrollar proyectos innovadores **sin necesidad de asistir a una universidad de élite**. Plataformas como **Platzi** y **Coursera** ofrecen cursos y certificaciones accesibles para que las personas adquieran habilidades críticas en áreas tecnológicas, incluyendo la inteligencia artificial. Este tipo de democratización del conocimiento **ayuda a nivelar el campo de juego**, permitiendo que aquellos que tienen acceso a internet y la motivación adecuada puedan participar en la revolución digital.

Además, gracias a **YouTube**, el acceso a tutoriales gratuitos y contenido educativo ha permitido a muchas personas, incluso en áreas rurales, obtener conocimientos técnicos básicos que antes habrían estado fuera de su alcance. **¿Es una solución perfecta? No.** Pero al menos, estas plataformas ofrecen una oportunidad para que las personas en economías emergentes **desarrollen habilidades en tecnología** que pueden ser aprovechadas a nivel local o incluso en el mercado global.

Un caso claro es el de los **desarrolladores africanos**, que han comenzado a aparecer en el mapa global del desarrollo de software y la inteligencia artificial. Aunque enfrentan muchos obstáculos, estas plataformas educativas les han permitido **crear soluciones tecnológicas adaptadas a los problemas locales**, utilizando la IA para resolver desafíos en áreas como la agricultura, la sanidad y la educación. Por ejemplo, en Kenia, un grupo de ingenieros desarrolló una **aplicación impulsada por IA para detectar y prevenir enfermedades en el ganado**, una innovación crucial para una región donde la ganadería es una parte vital de la economía. Este tipo de iniciativas demuestran que, con el acceso adecuado a la información y la formación, **la IA puede**

convertirse en una herramienta para el empoderamiento en lugar de una fuente de desigualdad.

Por supuesto, **la democratización del conocimiento no resuelve por completo la brecha digital.** El acceso a plataformas de aprendizaje no sustituye la necesidad de infraestructura tecnológica adecuada, inversión en datos locales y regulaciones justas. Sin embargo, **es un paso en la dirección correcta.** Si bien las economías emergentes no tienen el control total sobre el desarrollo de la IA a nivel global, pueden aprovechar estas herramientas para **capacitar a su próxima generación de innovadores**, aquellos que no sólo consumirán la tecnología, sino que también podrán **desarrollar soluciones adaptadas a sus realidades.**

El acceso desigual a la IA también plantea una cuestión geopolítica clave. Las economías emergentes se están volviendo **dependientes** de la tecnología desarrollada en otros países, principalmente en Estados Unidos y China. Estos países no solo controlan la tecnología, sino que también **dominan los estándares y los marcos normativos** que rigen el uso de la IA. Las economías emergentes, por lo tanto, tienen poca capacidad para influir en cómo se utiliza la IA en sus propios contextos.

Pensemos en cómo las empresas tecnológicas globales **imponen sus productos** en estos mercados. Las soluciones de IA suelen ser diseñadas y adaptadas a las necesidades y prioridades de los países desarrollados, **sin tener en cuenta los matices culturales, económicos y sociales** de los países en desarrollo. Esto no solo limita la eficacia de estas tecnologías, sino que también refuerza la idea de que las economías emergentes **son meros consumidores pasivos de**

la innovación, sin la capacidad o el control para adaptarlas a sus propias realidades. Al final, la IA se convierte en una herramienta más para consolidar el poder de las economías desarrolladas, **mientras perpetúa la dependencia tecnológica de los países en vías de desarrollo.**

La pregunta clave aquí es: **¿cómo pueden las economías emergentes evitar quedar atrapadas en esta nueva forma de dependencia tecnológica?** Hay algunas iniciativas prometedoras que buscan democratizar el acceso a la IA en estas regiones, pero aún enfrentan grandes desafíos. **Proyectos de código abierto**, por ejemplo, permite que desarrolladores de todo el mundo accedan a herramientas de IA sin las barreras de las patentes o el acceso limitado a recursos. Sin embargo, esto no es suficiente. **La brecha en la infraestructura** sigue siendo un obstáculo significativo, y mientras esa brecha persista, la IA seguirá siendo una herramienta al servicio de los poderosos.

Otra vía es la creación de **marcos normativos propios** en las economías emergentes, que regulen cómo se recopilan y utilizan los datos de los ciudadanos, y que limiten la dependencia de las grandes corporaciones tecnológicas extranjeras. Pero esto requiere **voluntad política y una conciencia tecnológica** que muchos gobiernos aún no tienen. Además, la presión económica para permitir el acceso de estas corporaciones —a cambio de inversión o empleo a corto plazo— puede ser demasiado grande para resistir.

El potencial de la IA en las economías emergentes es enorme, pero si no se gestiona con cuidado, corre el riesgo de convertirse en una herramienta más para perpetuar la desigualdad global. En lugar de empoderar a los países en vías de desarrollo, la IA podría empujarlos aún más hacia una dependencia digital de las potencias tecnológicas dominantes. Y si eso ocurre, **la brecha entre el mundo desarrollado y el mundo en desarrollo no solo no se cerrará, sino que se ampliará con la ayuda de la IA.**

6.2. El Sesgo Algorítmico: Cuando la IA Refleja lo Peor de Nosotros

La inteligencia artificial, aclamada como una tecnología imparcial y objetiva, **ha caído en la misma trampa que nosotros, los humanos**: los sesgos. La IA no tiene emociones, no siente rencor ni amor, pero tiene algo más poderoso: **datos**, y esos datos están plagados de las mismas desigualdades y prejuicios que existen en nuestra sociedad. El resultado: una IA que **amplifica las peores injusticias** con la legitimidad de la matemática detrás de cada decisión. **¿Qué podría salir mal?**

El sesgo algorítmico es uno de los problemas más grandes y menos reconocidos en la implementación de sistemas de inteligencia artificial. En teoría, los algoritmos de IA deben tomar decisiones imparciales basadas en datos objetivos, pero lo que muchos pasan por alto es que **los datos que alimentan estos sistemas son el reflejo de nuestras fallas humanas.** La IA aprende de nuestro pasado, y ese pasado está cargado de racismo, sexismo, clasismo y otras formas de discriminación. Al final del día, si el sesgo está en los datos, estará también en los resultados.

Un caso infame es el de **Amazon**, que intentó usar IA para automatizar su proceso de contratación. El sistema fue entrenado con datos de currículums de los últimos 10 años, un periodo en el que la mayoría de los candidatos contratados eran hombres. **¿El resultado?** La IA rápidamente aprendió que los candidatos masculinos eran preferidos y **comenzó a descartar automáticamente** los currículums de mujeres, porque el sistema "aprendió" que ser hombre era un atributo deseable. Lo que pretendía ser un proceso más eficiente y neutral terminó reproduciendo las mismas discriminaciones estructurales.

Esto no es solo un problema aislado. En **el sistema de justicia penal** de Estados Unidos, los algoritmos utilizados para predecir la reincidencia también reflejan los sesgos raciales de la sociedad. Un estudio de **ProPublica** descubrió que los algoritmos clasificaban a los acusados negros como de mayor riesgo de reincidencia en comparación con los blancos, **incluso cuando ambos tenían historiales criminales similares**. Aquí no estamos hablando de errores técnicos; estamos hablando de cómo la IA, en lugar de ser una solución a los sesgos humanos, **puede amplificar esas mismas desigualdades**, pero con una máscara de objetividad científica.

La situación empeora cuando consideramos la **falta de transparencia** en muchos de estos sistemas. La IA, en especial los algoritmos de "caja negra", no ofrece explicaciones claras sobre cómo tomar decisiones. **¿Por qué una persona fue rechazada para un empleo?** ¿Por qué alguien fue clasificado como de alto riesgo de reincidencia? Los propios diseñadores del sistema muchas veces no pueden explicar por qué el algoritmo llegó a esas conclusiones, lo que hace que cuestionar esas decisiones sea casi imposible. **El sesgo humano puede ser evidente y combatido**, pero el sesgo algorítmico es mucho más difícil de identificar, lo que lo convierte en **una forma de discriminación mucho más peligrosa**.

Aunque la situación parece sombría, no todo está perdido. **Existen iniciativas y esfuerzos serios** para combatir el sesgo algorítmico y hacer de la IA una herramienta más justa y equitativa. Y aquí es donde la inteligencia artificial **también puede ser parte de la solución**. Las mismas herramientas que perpetúan los sesgos también pueden ser utilizadas para detectarlos y corregirlos.

Una de las formas más prometedoras de enfrentar este problema es mediante **auditorías algorítmicas**. Estas auditorías son revisiones sistemáticas de los algoritmos y los datos que utilizan, diseñadas para identificar posibles sesgos antes de que el sistema se implemente a gran escala. Varias organizaciones están trabajando en desarrollar marcos para realizar este tipo de auditorías, asegurando que los sistemas de IA **sean transparentes y responsables**. La Unión Europea, por ejemplo, ha propuesto regulaciones que requieren que las empresas realicen evaluaciones de impacto sobre los derechos fundamentales antes de desplegar IA en sectores sensibles como la justicia, la contratación o el crédito.

Otro enfoque es el uso de **algoritmos para auditar otros algoritmos**. Se están desarrollando herramientas de IA que analizan los sistemas existentes para **identificar sesgos y desigualdades** en los resultados. Este tipo de IA puede analizar grandes cantidades de datos y detectar patrones de discriminación que a los humanos nos costaría ver. Por ejemplo, un algoritmo podría analizar cómo un sistema de contratación discrimina a las mujeres o cómo un algoritmo de justicia penal favorece a ciertos grupos raciales. **Es como usar la IA para combatir los problemas que ella misma ha creado.**

Además, algunos desarrolladores están trabajando en **entrenar algoritmos de IA con datos más inclusivos**. Esto significa **corregir el sesgo desde la fuente**, asegurándose de que los datos que alimentan los sistemas de IA reflejan una mayor diversidad y no perpetúan los prejuicios históricos. Sin embargo, esto no es tan simple como parece. Los datos históricos ya están contaminados con sesgos, y simplemente incluir más datos no siempre garantiza una corrección. Se necesitan **estrategias inteligentes** para asegurarse de que los datos no solo sean diversos, sino también representativos y equilibrados. **La diversidad en los datos no es un fin, es un medio** para crear sistemas de IA más justos.

Otro enfoque prometedor es el de **la equidad algorítmica**, que busca crear algoritmos que tomen decisiones más equitativas **al considerar explícitamente el impacto social** de sus resultados. Esto implica crear sistemas de IA que no solo optimicen la eficiencia, sino también para la justicia. Por ejemplo, en lugar de crear un algoritmo que maximice las ganancias en un sistema de crédito, se podría diseñar uno que también tenga en cuenta la necesidad de **proveer crédito a comunidades marginadas**. Este tipo de iniciativas intenta romper el ciclo de exclusión, asegurando que la IA **no solo beneficie a los más privilegiados.**

Además, la **diversidad en los equipos de desarrollo**

de IA está siendo vista cada vez más como una necesidad fundamental. Empresas como **IBM** y **Google** han comenzado a invertir en **fomentar la inclusión en sus equipos técnicos**, reconociendo que los grupos homogéneos tienden a diseñar soluciones que reflejan sus propios valores y experiencias. Si los equipos que crean la IA son diversos, es más probable que **consideren las realidades de diferentes grupos sociales** y desarrollen sistemas más equitativos. Sin embargo, esto sigue siendo una batalla cuesta arriba, ya que la industria tecnológica aún está dominada por hombres blancos, especialmente en los niveles más altos de toma de decisiones.

El sesgo algorítmico no es un problema que desaparecerá por sí solo. **Requiere una intervención consciente y continua.** La buena noticia es que la industria está empezando a despertar a la gravedad del problema. La mala noticia es que, a menudo, las soluciones llegan demasiado tarde, después de que el daño ya está hecho.

La regulación es fundamental en este punto. Los gobiernos y las organizaciones internacionales deben trabajar juntos para establecer **normas claras y rigurosas** que obliguen a las empresas tecnológicas a evaluar los impactos sociales de sus algoritmos. Si bien la tecnología avanza a un ritmo vertiginoso, **la legislación no puede quedarse atrás.** De lo contrario, las decisiones automatizadas seguirán reproduciendo desigualdades en todos los sectores, desde el empleo hasta la justicia, con la IA como una fuerza que, sin supervisión, perpetúa las mismas fallas que promete corregir.

En última instancia, **la justicia en la IA es posible**, pero no será el resultado de la inercia tecnológica. Requiere esfuerzos activos para diseñar sistemas más justos y un compromiso por parte de las empresas y los gobiernos para **mantener a la IA bajo control**. La tecnología no es inherentemente buena ni mala, pero en un mundo injusto, la IA **no corregirá nuestras fallas a menos que trabajemos activamente para que así sea.**

6.3. Diseñar IA Inclusiva en una Sociedad Exclusiva: ¿Misión Imposible?

Si alguna vez hubo una contradicción flagrante, es esta: **diseñar inteligencia artificial inclusiva en un mundo donde la exclusión es la norma.** La inteligencia artificial, por su propia naturaleza, debería ser una herramienta capaz de eliminar las barreras que históricamente han marginado a tantos grupos. **Debería, pero no lo es.** Al menos, no mientras la sociedad que crea esa IA esté construida sobre pilares de desigualdad, exclusión y privilegio. **Entonces, ¿es posible diseñar IA inclusiva en un sistema estructuralmente injusto?**

Para empezar, hay que decirlo claramente: **la IA es un reflejo del mundo en el que se desarrolla.** No importa cuán avanzada sea la tecnología ni cuán optimistas sean sus promotores, **si se crea en una sociedad excluyente, sus resultados reflejarán esa exclusión.** Y eso no es una cuestión técnica; es profundamente social. La tecnología, en este caso la inteligencia artificial, **no es neutral.** Depende de las decisiones de quienes la desarrollan, las prioridades que se establecen y, por supuesto, los datos que la alimentan.

Comencemos con una verdad incómoda: **los equipos que diseñan la IA no son diversos**. A pesar de los esfuerzos públicos de algunas grandes empresas tecnológicas para mejorar la diversidad en sus equipos, **la realidad es que la mayoría de las personas que crean los sistemas de IA son hombres blancos y asiáticos**, en su mayoría provenientes de entornos privilegiados. Silicon Valley, el epicentro del desarrollo de la IA, **no es exactamente un modelo de inclusión**. Cuando los equipos que crean la IA comparten los mismos puntos de vista, las mismas experiencias de vida y los mismos prejuicios inconscientes, **la IA que diseñan refleja esa homogeneidad**.

Esto no solo afecta a quién tiene acceso a la IA, sino **cómo se utiliza la IA**. Cuando los equipos de desarrollo no incluyen a mujeres, personas de diferentes etnias, minorías sexuales o personas con discapacidades, **las necesidades y realidades de estos grupos quedan fuera de las decisiones de diseño**. El resultado es un sistema que no entiende, ni tiene en cuenta, a las personas fuera de esa burbuja de privilegio.

Un ejemplo clásico es el de los **sistemas de reconocimiento facial**, que han sido **repetidamente criticados por su falta de precisión al identificar a personas de color** y, en particular, a mujeres negras. Los algoritmos de reconocimiento facial entrenados en su mayoría con imágenes de hombres blancos tienen dificultades para reconocer rostros que no encajan en ese molde. La consecuencia no es solo un error técnico: **es una tecnología que discrimina de manera activa**. Y si se implementa en contextos como la vigilancia policial, el daño es significativo. **Las personas de color son más propensas a ser erróneamente identificadas como sospechosas**, lo que puede llevar a arrestos injustos o peores consecuencias.

La otra gran pieza del rompecabezas es **la fuente de los datos**. Los algoritmos de IA no son mágicos; necesitan cantidades masivas de datos para aprender y tomar decisiones. Y estos datos provienen de los sistemas existentes, que ya están plagados de sesgos y exclusiones. Si los datos reflejan las desigualdades estructurales de la sociedad, **la IA simplemente las perpetuará**.

Pensemos en el caso de los algoritmos utilizados para conceder préstamos o para contratar empleados. Si los datos utilizados para entrenar estos sistemas provienen de décadas de decisiones en las que las mujeres, las personas negras o las personas de bajos ingresos fueron **sistemáticamente excluidas**, la IA aprenderá que esos grupos son menos "confiables" o "adecuados". Y el ciclo continúa. **La exclusión del pasado se convierte en la discriminación del futuro, pero esta vez legitimada por la tecnología.**

La ironía es que los datos que faltan suelen ser los más importantes. Las personas marginadas, que tienen menos acceso a la tecnología, menos visibilidad en los sistemas de datos tradicionales y menos interacción con los servicios digitales, **son precisamente las que más podrían beneficiarse de una IA inclusiva**. Pero al no estar representadas adecuadamente en los datos, **sus necesidades y realidades son ignoradas**. En este contexto, la IA inclusiva parece un sueño lejano.

El diseño de una IA inclusiva no es simplemente una cuestión técnica de agregar más datos o mejorar la precisión de los algoritmos. **Es un reto estructural, social y ético**. Requiere cambiar la manera en que se conciben los sistemas, desde los equipos que los desarrollan hasta los objetivos que se establecen para su implementación.

Primero, está la cuestión de **quién está sentado en la mesa**. Los equipos de desarrollo de IA no solo necesitan ser diversos en términos de género, raza o identidad sexual, sino también **en experiencia de vida y puntos de vista**. Las personas que han sido históricamente excluidas de las industrias tecnológicas deben estar involucradas en el diseño, desarrollo y toma de decisiones de los sistemas de IA. Esto no es solo una cuestión de justicia social; **es una necesidad técnica**. Si la IA está diseñada por personas con una perspectiva limitada, **sus aplicaciones siempre serán limitadas**.

Google, por ejemplo, ha comenzado a implementar programas para mejorar la diversidad en sus equipos, incluyendo becas y programas de formación para mujeres y minorías en áreas como el machine learning. Pero estos esfuerzos, aunque valiosos, **aún son pequeños** en comparación con el tamaño del problema. **La diversidad en los equipos es solo el primer paso**, pero sin una reestructuración fundamental de las prioridades de las empresas tecnológicas, estas iniciativas serán simplemente gestos simbólicos.

A pesar de todos estos desafíos, hay razones para creer que **la IA inclusiva es posible**. Existen ejemplos prometedores de cómo la tecnología puede ser diseñada para

cerrar brechas en lugar de ampliarlas. Uno de los enfoques más efectivos es el de **la inteligencia artificial diseñada para detectar y corregir sesgos**. Empresas como **IBM** han desarrollado herramientas que permiten identificar automáticamente el sesgo en los sistemas de IA, alertando a los desarrolladores sobre posibles desigualdades antes de que los algoritmos sean desplegados en el mundo real.

Un ejemplo positivo es el uso de **IA en salud pública**. En lugar de perpetuar la exclusión, los sistemas de IA se están utilizando en algunas regiones para detectar patrones de enfermedades en comunidades marginadas, **donde la atención médica es escasa**. Estos sistemas permiten a los gobiernos y ONGs identificar áreas de mayor riesgo y **asignar recursos de manera más eficiente**. Cuando se utilizan de manera ética y responsable, **la IA puede ser una herramienta para la equidad**.

Otro enfoque es la creación de **datos más inclusivos**. En lugar de simplemente agregar más datos al sistema, algunas organizaciones están trabajando para recopilar datos de manera más inclusiva, involucrando a comunidades marginadas en el proceso. Esto no solo mejora la calidad de los datos, sino que también garantiza que **las voces de las personas excluidas sean escuchadas**. Un ejemplo de esto es la iniciativa de **Data for Black Lives**, que promueve el uso de datos para abordar las desigualdades raciales, involucrando a las comunidades en la recolección y análisis de datos.

Además, el concepto de **"diseño universal"** está ganando tracción en la industria tecnológica. Este enfoque se centra en crear productos que **funcionen para la mayor cantidad de personas posible**, incluidas aquellas con discapacidades o necesidades especiales. Al incorporar accesibilidad desde el principio, los desarrolladores no solo crean sistemas más inclusivos, sino que también **mejoran la experiencia de todos los usuarios.**

Diseñar IA inclusiva en una sociedad excluyente **es difícil, pero no imposible.** La clave está en cambiar la manera en que abordamos el desarrollo de la IA, tanto en términos de **quién la crea** como en **cómo la usamos.** Requiere un esfuerzo consciente para **combatir el sesgo en los datos,** mejorar la diversidad en los equipos de desarrollo y, sobre todo, **priorizar la equidad** como un valor fundamental en la creación de nuevas tecnologías.

Aunque el camino es largo, ya existen ejemplos que muestran que **la IA puede ser una herramienta para la inclusión.** Desde el uso de la IA para mejorar la salud pública en comunidades desatendidas hasta la corrección del sesgo algorítmico en sistemas de contratación, estamos viendo pequeños avances. Pero estos avances sólo serán sostenibles si continuamos **cuestionando el statu quo** y **exigiendo mayor responsabilidad** a las empresas tecnológicas.

El desafío de diseñar IA inclusiva en una sociedad excluyente **no es solo un problema técnico, es un problema ético y social.** La tecnología puede ser una herramienta para la inclusión, pero solo si estamos dispuestos a utilizarla para cambiar las estructuras que mantienen la exclusión en su lugar. **El futuro de la IA no está predeterminado**; depende de cómo decidamos moldearlo.

Capítulo 7:
El Futuro del Trabajo: ¿Debemos Preocuparnos por el Fin del Empleo o la Deshumanización?

La inteligencia artificial se ha convertido en el centro de uno de los debates más urgentes de nuestro tiempo: el futuro del trabajo. **¿Nos dirigimos hacia un apocalipsis laboral, donde millones de empleos serán barridos por la automatización?** ¿O estamos entrando en una era dorada de creatividad, eficiencia y nuevas oportunidades? Los optimistas creen que la IA liberará a los seres humanos de las tareas repetitivas y monótonas, dejándonos más tiempo para la innovación, el arte y la ciencia. Los pesimistas, por otro lado, ven un futuro sombrío, en el que los algoritmos reemplazan no solo trabajos, sino también el sentido de propósito que el trabajo ha proporcionado a la humanidad durante siglos.

La verdad, como siempre, probablemente esté en algún punto intermedio. Pero lo que está claro es que **el trabajo, tal como lo conocemos, está cambiando drásticamente**. La IA no es una simple herramienta; es una fuerza disruptiva que está transformando industrias enteras a una velocidad vertiginosa. Desde fábricas que operan con robots hasta algoritmos que escriben artículos de noticias y software que toma decisiones de contratación, la automatización está eliminando empleos a un ritmo alarmante. Y lo peor es que la mayoría de los trabajadores no están preparados para lo que viene.

La historia del trabajo está llena de momentos de transformación tecnológica, desde la revolución industrial hasta la era digital. Sin embargo, **esta vez es diferente**. En el pasado, las máquinas reemplazaron principalmente el trabajo manual, mientras que el trabajo cognitivo y creativo seguía siendo dominio exclusivo de los humanos. Con la IA, esa distinción se ha vuelto borrosa. **Los algoritmos están aprendiendo a hacer tareas que alguna vez creímos exclusivamente humanas**, como el análisis de datos, la toma de decisiones estratégicas y la creatividad artística. Esto significa que no solo los trabajadores de fábricas o tiendas están en peligro, sino también los contadores, abogados, médicos y periodistas. **Nadie está a salvo.**

El miedo al desempleo masivo, por tanto, no es una simple paranoia tecnofóbica. **Es una realidad tangible** que millones de trabajadores ya están enfrentando. Según el Foro Económico Mundial, se espera que para 2025 se eliminen más de **85 millones de empleos** debido a la automatización, mientras que se crearán alrededor de 97 millones de nuevos roles. Esto puede parecer una cifra optimista, pero esconde un problema estructural más profundo: **los trabajos que desaparecen no son los mismos que los que se crean**. Y aquellos que pierdan sus empleos no necesariamente tendrán las habilidades o los recursos para adaptarse a las nuevas oportunidades.

Uno de los argumentos recurrentes a favor de la automatización es que la tecnología siempre ha destruido empleos, solo para crear otros nuevos. Durante la revolución industrial, las máquinas reemplazaron a los tejedores manuales, pero crearon empleos en fábricas, oficinas y nuevos sectores que surgieron en torno a las innovaciones tecnológicas. ¿Por qué debería ser diferente esta vez? **La IA, dicen los optimistas, abrirá nuevas industrias, nuevos sectores y nuevas oportunidades para quienes estén dispuestos a adaptarse.**

Este argumento tiene algo de cierto, pero solo si lo miramos superficialmente. Sí, la tecnología ha generado nuevas industrias a lo largo de la historia, pero también ha dejado a millones de personas fuera del mercado laboral. La **revolución industrial** trajo consigo crecimiento económico, pero también dio lugar a décadas de miseria para los trabajadores, quienes tuvieron que luchar por derechos básicos como la jornada laboral de ocho horas, el salario mínimo y las condiciones laborales seguras. **La automatización actual tiene el potencial de generar una crisis similar, pero a escala global y a una velocidad mucho mayor.**

El otro problema es que los nuevos empleos que crea la IA **no son necesariamente mejores**. De hecho, muchos de ellos podrían ser peores. Las plataformas de economía colaborativa como **Uber, Amazon Mechanical Turk o Fiverr** han creado lo que se conoce como **trabajo precario**: empleos mal pagados, sin beneficios, sin estabilidad y, en muchos casos, sin derechos laborales básicos. En lugar de crear una utopía de trabajadores liberados, **la IA está creando una nueva clase de "esclavos digitales"**, que trabajan a demanda, controlados por algoritmos, y sin el amparo de las leyes laborales tradicionales.

Por otro lado, hay quienes sostienen que la IA permitirá una **transformación positiva del trabajo**. En lugar de ver la IA como un destructor de empleos, argumentan que deberíamos verla como una herramienta que **amplía nuestras**

capacidades humanas. Las tareas repetitivas y tediosas pueden ser automatizadas, lo que permitirá a los trabajadores centrarse en lo que realmente importa: la creatividad, la innovación y la resolución de problemas complejos. **Suena utópico, ¿verdad?**

Pero, ¿qué tan realista es esta visión? Sí, la IA puede liberar a las personas de trabajos aburridos, pero **¿qué porcentaje de los trabajadores actuales están en una posición para aprovechar esta oportunidad?** Para el trabajador promedio que se gana la vida en la línea de montaje, en una caja registradora o en la atención al cliente, la "creatividad" y la "innovación" no son habilidades que puedan desarrollar de la noche a la mañana. Y el sistema educativo y de formación actual **no está preparado** para proporcionarles las herramientas necesarias para prosperar en este nuevo entorno laboral.

Incluso en los trabajos que no desaparecen, la IA está comenzando a **deshumanizar el entorno laboral**. En empresas como **Amazon**, los empleados de almacén son controlados por algoritmos que optimizan cada uno de sus movimientos, exigiéndoles niveles de productividad inhumanos. **Los humanos trabajan como si fueran máquinas**, sin descanso adecuado, con una presión constante por cumplir con las demandas del sistema. En este contexto, la automatización no elimina el trabajo humano, pero lo transforma en algo más parecido a la esclavitud digital, donde **los algoritmos son los jefes invisibles** que controlan cada paso de los empleados.

El futuro del trabajo no solo está amenazado por la desaparición de empleos, sino también por la

deshumanización de aquellos que sobrevivan. La **toma de decisiones automatizada**, basada en algoritmos, está eliminando la autonomía y la dignidad de los trabajadores. La supervisión algorítmica, la medición constante de la productividad y la presión para cumplir con los objetivos digitales **están transformando el trabajo en una experiencia deshumanizante**, donde las personas son simplemente engranajes en una máquina impulsada por datos.

Otra cuestión fundamental en este debate es **quién se beneficia realmente** de la automatización. Las grandes empresas tecnológicas, por supuesto, están en la cima de esta pirámide. **Amazon, Google, Apple y otras corporaciones** están cosechando los frutos de la automatización, reduciendo costos laborales mientras aumentan sus márgenes de beneficio. La IA les permite hacer más con menos personas, reemplazando trabajadores humanos con robots, software y algoritmos. **Pero esta concentración de poder y riqueza también genera nuevas desigualdades**.

En lugar de redistribuir las ganancias de la automatización, **las grandes corporaciones están acumulando más poder y control** sobre el mercado laboral. Los trabajadores, en muchos casos, no ven los beneficios de la automatización, sino que **pagan el precio**. Ya sea a través de la pérdida de empleo, la reducción de salarios o la precarización del trabajo, **la automatización parece estar diseñada para beneficiar a los accionistas y no a los empleados**.

Esto también plantea una cuestión sobre el **futuro de la justicia laboral**. Si las empresas continúan reemplazando a los trabajadores humanos con máquinas, **¿qué papel jugarán los sindicatos y las leyes laborales tradicionales en este**

nuevo mundo? Las organizaciones sindicales se enfrentan a un desafío existencial. En un mundo donde los trabajadores son reemplazados por máquinas, **¿cómo proteges los derechos de los empleados?** ¿Cómo luchas por mejores condiciones laborales cuando los empleadores pueden simplemente automatizar más tareas?

Y mientras los trabajos desaparecen, **la brecha entre ricos y pobres sigue creciendo.** Los que tienen las habilidades para trabajar con IA —ingenieros, desarrolladores, científicos de datos— seguirán viendo sus ingresos y oportunidades aumentar, mientras que aquellos cuyas habilidades son reemplazadas por la automatización **se enfrentarán a una creciente precariedad económica.** Este **futuro de desigualdad digital** plantea una amenaza no solo para los trabajadores, sino para la estabilidad social y económica a nivel global.

A pesar de todas las preocupaciones, **no todo es sombrío.** Algunos argumentan que la IA no tiene por qué ser vista como una amenaza, sino como una **herramienta poderosa** para mejorar la colaboración entre humanos y máquinas. En lugar de reemplazar a los humanos, la IA podría ser diseñada para **aumentar las capacidades humanas,** permitiéndonos hacer cosas que antes eran imposibles. El concepto de **"trabajo aumentado"** sugiere que, en lugar de eliminar empleos, la IA podría permitir que los trabajadores sean más productivos, creativos e innovadores.

Por ejemplo, los médicos pueden utilizar sistemas de IA para diagnosticar enfermedades más rápidamente, los arquitectos pueden utilizar software de inteligencia artificial para diseñar edificios más eficientes y los ingenieros pueden desarrollar tecnologías más complejas con la ayuda de algoritmos avanzados. En este sentido, **la IA no reemplaza al trabajador humano, sino que lo potencia**. El desafío es cómo asegurarse de que esta visión del futuro **se convierta en la norma y no en la excepción**.

El camino hacia este futuro de colaboración no será fácil. Requerirá **reformas profundas en el sistema educativo**, donde las habilidades técnicas necesarias para trabajar con IA se enseñen desde una edad temprana. También requerirá **políticas laborales y económicas** que protejan a los trabajadores durante la transición, garantizando que aquellos cuyos trabajos sean eliminados por la automatización tengan la oportunidad de adquirir nuevas habilidades y encontrar empleos en sectores emergentes.

La IA está transformando el mundo laboral, y aunque no sabemos exactamente cómo será el futuro del trabajo, **lo que es seguro es que el cambio será disruptivo**. ¿Debemos preocuparnos por el fin del empleo o por la deshumanización del trabajo? La respuesta es: ambas cosas. La automatización está eliminando empleos a un ritmo alarmante, y los que permanecen están siendo transformados de manera que a menudo **erosionan la autonomía y la dignidad de los trabajadores**.

El futuro del trabajo no está escrito, pero lo que hagamos hoy determinará si la IA se convierte en una herramienta para el progreso humano o en un mecanismo de control y explotación. **El futuro del trabajo es también el futuro de nuestra sociedad**, y las decisiones que tomemos sobre la automatización y la IA no solo afectarán nuestras economías, sino también **quiénes somos y cómo vivimos**.

7.1. IA y Automatización: ¿Eliminando Empleos o Creando Esclavitud Digital?

La promesa de la inteligencia artificial y la automatización ha sido vendida con un optimismo inquietante: la IA hará desaparecer los trabajos aburridos y repetitivos, liberando a los humanos para realizar tareas más creativas y satisfactorias. **Suena utópico, ¿verdad?** Pero la realidad no es tan simple. Lo que está ocurriendo no es solo la eliminación de empleos, sino la **creación de una nueva clase de trabajadores precarios**, controlados por algoritmos, sin derechos, y sin una verdadera estabilidad laboral. **Esclavitud digital disfrazada de eficiencia tecnológica.**

La narrativa de que la automatización solo eliminará los trabajos repetitivos, de baja cualificación, es una **mentira piadosa** que oculta el verdadero impacto de la IA en el mercado laboral. Sí, los robots están reemplazando trabajos en fábricas y almacenes, pero los algoritmos también están penetrando en áreas que antes se consideraban seguras para los humanos. Desde el periodismo hasta la atención médica, la IA está mostrando que **ningún trabajo es inmune**. ¿Creías que tu trabajo estaba a salvo porque implica tomar decisiones complejas o usar el juicio humano? **Replanteatelo.**

Los periodistas ya están viendo cómo los algoritmos escriben artículos automatizados, especialmente en áreas como el periodismo deportivo o financiero, donde el formato sigue patrones predecibles. **Los abogados** están siendo reemplazados por IA en la revisión de documentos legales y la búsqueda de precedentes. Incluso **los médicos**, una profesión que alguna vez consideramos invulnerable, están siendo desplazados por sistemas de IA capaces de analizar imágenes médicas y detectar patrones de enfermedades con mayor precisión que los humanos.

En resumen: **nadie está a salvo.**

El mantra de los defensores de la IA es que por cada trabajo que desaparece, **se crean otros nuevos**. La idea es que las tecnologías emergentes generan nuevas oportunidades, pero hay un problema importante con esta afirmación: **los trabajos que nacen no son los mismos que los que desaparecen**. Las fábricas de automóviles pueden reemplazar a los trabajadores de línea de montaje por robots, pero esos trabajadores no se convertirán mágicamente en ingenieros de software especializados en IA. **La brecha de habilidades es abismal**.

El desplazamiento masivo de trabajadores que no están capacitados para adaptarse a las nuevas demandas tecnológicas es un **desastre laboral en ciernes**. Las industrias que adoptan la automatización a gran escala **no están invirtiendo lo suficiente en la reeducación de sus trabajadores**, lo que deja a millones de personas en el limbo laboral. ¿Qué les ocurre a estos trabajadores? **En el mejor de los casos, terminan en empleos precarios**, mal pagados, sin beneficios ni seguridad laboral. En el peor, se encuentran en un desempleo estructural que los condena a la pobreza.

Y aquí surge otra pregunta: **¿qué tipo de trabajos está creando realmente la IA?** Las plataformas como **Uber, Amazon Mechanical Turk, y Fiverr** representan la nueva frontera del trabajo en la economía digital. Estos empleos, aunque nacen del auge tecnológico, no traen consigo los beneficios que asociamos con el trabajo estable: **no hay seguro médico, no hay pensiones, no hay derechos laborales**. Estos trabajadores son tratados como "contratistas independientes", **controlados por algoritmos que deciden cuándo trabajan, qué tareas realizan y cuánto se les paga**. **Esclavitud digital** es un término adecuado, ya que los trabajadores están constantemente a merced de un sistema algorítmico que puede reducir sus ingresos o eliminarlos del mercado con solo una actualización de software.

Por ejemplo, los conductores de **Uber** están sujetos a las decisiones algorítmicas de la plataforma, que les asigna viajes, decide las tarifas y penaliza a quienes no aceptan suficientes carreras o no alcanzan las calificaciones mínimas. Aunque trabajan con sus propios vehículos, **son controlados de manera invisible por un sistema que determina cada aspecto de su trabajo**. La ironía es evidente: en lugar de ser liberados por la tecnología, estos trabajadores son más dependientes de ella que nunca. **Son esclavos del algoritmo**, sin control sobre su propio destino laboral.

Muchos defensores de la IA argumentan que, a medida que las máquinas asumen las tareas repetitivas, los humanos podrán enfocarse en **trabajos más creativos** y que requieran habilidades cognitivas superiores. En teoría, esto suena bien, pero plantea varias preguntas incómodas: **¿qué porcentaje de la población realmente está en condiciones de beneficiarse de esta transformación?** No todos los trabajadores desplazados pueden convertirse en artistas, diseñadores o estrategas de negocios. El trabajador promedio en una fábrica, una tienda o un almacén **no ha sido educado ni entrenado** para estas nuevas oportunidades. Y el sistema educativo, tal como existe hoy, **no está preparado** para equipar a la mayoría de los trabajadores con las habilidades necesarias para prosperar en esta nueva era.

Incluso aquellos que logran mantenerse en el mercado laboral no están necesariamente protegidos. **Los diseñadores gráficos**, por ejemplo, ya están viendo cómo los algoritmos pueden crear diseños automáticos con solo unas pocas entradas de datos, reduciendo el valor de su trabajo. **Los programadores** se enfrentan a la creciente capacidad de los algoritmos para escribir código de manera más eficiente que los humanos. En este escenario, la idea de que la IA solo reemplazará trabajos manuales y repetitivos **es una peligrosa ilusión**.

Además, **no todos los trabajos creativos o de alto nivel intelectual estarán exentos de la precarización laboral**. Muchas de las plataformas digitales que ofrecen "trabajos creativos" están diseñadas para maximizar el beneficio de las grandes corporaciones, no para proteger a los trabajadores. Un redactor en **Fiverr** o un diseñador en **Upwork** puede estar haciendo trabajos creativos, pero **el modelo de negocio de estas plataformas** está diseñado para exprimir a los trabajadores, pagándoles una fracción de lo que valdrían en un empleo tradicional. Y al estar constantemente bajo la presión de competir por trabajos que pagan cada vez menos, **la creatividad se convierte en una mercancía barata**.

En muchos casos, los trabajadores no solo están perdiendo sus empleos debido a la automatización, sino que **los trabajos que permanecen están siendo transformados**. Las empresas que aún dependen de la mano de obra humana están implementando **sistemas de supervisión algorítmica** que controlan cada movimiento de los empleados. Esto es especialmente evidente en empresas como **Amazon**, donde los empleados de los almacenes son monitoreados constantemente por algoritmos que miden su productividad y los penalizan si no cumplen con los objetivos. **Los humanos trabajan al ritmo de las máquinas**, y cualquier error o lentitud puede costarles su trabajo.

Los algoritmos no duermen, no toman descansos y no tienen compasión. **Son máquinas de eficiencia despiadada** que miden cada segundo de la jornada laboral, optimizando cada movimiento, cada interacción, cada tarea. Este control absoluto no solo deshumaniza el trabajo, sino que crea un entorno donde **los trabajadores son completamente desechables**. Si no puedes mantener el ritmo que marca el algoritmo, simplemente te reemplazan.

Lo más inquietante es que **los trabajadores rara vez tienen acceso a los algoritmos que los supervisan**. No pueden saber cómo se toman las decisiones que afectan su productividad o su empleo. **Es una caja negra** que controla sus vidas laborales sin ofrecer explicaciones ni transparencia. En el pasado, los trabajadores podían al menos confrontar a sus supervisores humanos, pero hoy sus jefes son algoritmos inalcanzables, invisibles e implacables. **El futuro del trabajo, en lugar de ser más humano, se está volviendo más robótico.**

¿Qué hacemos con Todo Esto? El futuro del trabajo automatizado plantea una serie de preguntas inquietantes sobre **qué tipo de sociedad queremos construir**. La promesa de que la IA liberaría a los trabajadores de la monotonía y la precariedad no se está cumpliendo. En cambio, **los**

trabajadores están más controlados que nunca, y las nuevas formas de trabajo que la IA está creando **no son necesariamente mejores**. La automatización puede aumentar la eficiencia y la productividad, pero lo hace a expensas de los trabajadores, quienes se encuentran atrapados en una trampa de empleo inestable y controlado por algoritmos.

¿Qué podemos hacer? **La regulación y las políticas laborales deben evolucionar al ritmo de la tecnología.** Los gobiernos no pueden seguir tratando a los trabajadores de plataformas digitales como "contratistas independientes" sin derechos laborales. Deben establecerse **nuevas leyes laborales** que protejan a los trabajadores de esta nueva esclavitud digital y que obliguen a las empresas tecnológicas a rendir cuentas por el impacto de sus algoritmos en la vida de las personas.

Además, **la formación y la educación** son fundamentales para permitir que los trabajadores se adapten a este nuevo mundo. Las empresas que implementan IA y automatización **tienen la responsabilidad de invertir en la reconversión de su fuerza laboral**, asegurando que aquellos que pierden sus empleos tengan la oportunidad de adquirir nuevas habilidades y encontrar trabajo en sectores emergentes.

El futuro del trabajo automatizado **no está escrito**. Todavía tenemos la oportunidad de decidir si queremos una sociedad donde los humanos trabajen para los algoritmos o una donde los algoritmos trabajen para los humanos.

7.2. El Capitalismo de Vigilancia: Cómo las Grandes Corporaciones Monetizan el Comportamiento Humano

Si alguna vez pensaste que la inteligencia artificial estaba aquí para hacernos la vida más fácil, permíteme corregirte: **la IA no trabaja para ti, sino para quienes controlan los datos.** El auge de la inteligencia artificial no es una coincidencia aislada en el tiempo; es la consecuencia directa del **capitalismo de vigilancia**, un modelo económico donde las grandes corporaciones tecnológicas han aprendido a **monetizar cada clic, cada búsqueda, cada movimiento que hacemos online. Somos el producto.**

En esta era digital, ya no solo trabajamos para ganarnos la vida; también estamos trabajando constantemente para las empresas tecnológicas sin darnos cuenta. **Nuestra atención, comportamiento y datos personales** se han convertido en los activos más valiosos del siglo XXI. Cada vez que revisas tu correo electrónico, haces una búsqueda en Google, compras algo en Amazon o te desplazas por tu feed de Instagram, **estás generando datos.** Datos que son capturados, analizados y utilizados para predecir tu comportamiento, **moldear tus decisiones** y, por supuesto, **venderte cosas que ni siquiera sabías que querías. Bienvenidos al capitalismo de vigilancia.**

Hace algunos años, las grandes empresas tecnológicas se dieron cuenta de que **los datos personales** son un recurso mucho más valioso que cualquier bien físico. **Facebook, Google, Amazon y Apple**, entre otras, han construido imperios al convertir el comportamiento humano en una

fuente inagotable de datos. No es casualidad que estas empresas ofrezcan productos y servicios gratuitos o increíblemente accesibles: **el verdadero negocio no es lo que vendes, sino a quién vendes.**

Cada clic, cada búsqueda y cada like se convierten en pequeñas piezas de un gigantesco rompecabezas digital que **los algoritmos de IA utilizan para perfilarte con una precisión escalofriante**. Si alguna vez te has preguntado cómo es posible que, después de buscar una aspiradora en Google, de repente todos los anuncios que ves sean de aspiradoras, aquí tienes la respuesta. **La IA ha aprendido a predecir tu comportamiento** antes de que incluso tú mismo lo hagas.

Los datos son el nuevo petróleo, pero en lugar de perforar pozos, las grandes corporaciones **extraen tus comportamientos y preferencias**. Y al igual que el petróleo, **el valor de los datos aumenta con la capacidad de refinarlos**. El refinamiento, en este caso, es el trabajo de los algoritmos de inteligencia artificial, que toman esos millones de datos individuales y los convierten en predicciones detalladas sobre quién eres, qué te gusta y, lo más importante, **cómo puedes ser influenciado.**

Los datos, sin embargo, no se quedan solo en lo que compramos o buscamos. **Van mucho más allá.** Las empresas no solo quieren saber qué productos te interesan, sino también **qué emociones te mueven, qué miedos te controlan, qué deseos aún no has articulado**. A través de la IA, pueden predecir tus estados de ánimo, tus opiniones políticas e incluso tu salud mental. **Es un nivel de control sobre el comportamiento humano sin precedentes,** y lo peor es que ocurre sin que la mayoría de las personas se dé cuenta de lo que realmente está en juego.

El capitalismo de vigilancia no es solo una cuestión de vender productos. Es un **círculo vicioso** que se retroalimenta constantemente: **más datos generan mejores predicciones, y mejores predicciones generan más ingresos**. Y mientras las empresas tecnológicas generan más ingresos, tienen más recursos para capturar aún más datos, entrenar mejores algoritmos y cerrar aún más el círculo de vigilancia.

Este ciclo es increíblemente lucrativo para las grandes corporaciones, pero **¿a qué precio para el resto de nosotros?** A medida que el capitalismo de vigilancia se expande, el control que tienen estas empresas sobre nuestras vidas también aumenta. Las decisiones que solíamos tomar libremente, basadas en nuestros propios deseos y necesidades, ahora están **manipuladas por los algoritmos** que ya saben lo que vamos a hacer antes de que lo decidamos.

La **publicidad dirigida** es solo la punta del iceberg. El verdadero poder del capitalismo de vigilancia está en su capacidad para **moldear el comportamiento humano en tiempo real**. Ya no se trata de mostrarte anuncios; se trata de **crear las condiciones para que tomes decisiones predeterminadas**. En lugar de presentarte productos o servicios que podrías querer, **la IA crea un entorno en el que desearás esos productos**.

Un ejemplo claro de esto es **Instagram**. La plataforma no solo utiliza algoritmos para mostrarte contenido que te guste; su objetivo es mantenerte en la aplicación el mayor tiempo posible, ajustando lo que ves en tiempo real para maximizar tu atención. Cuanto más tiempo pasas desplazándote por Instagram, **más datos produces**. Y esos datos no solo se utilizan para mostrarte anuncios; también son analizados para predecir tus futuras acciones, y cada clic o interacción alimenta más la máquina.

¿Dónde acaba esto? La inteligencia artificial no tiene límites éticos ni emocionales. Su único objetivo es **optimizar resultados**: más clics, más datos, más dinero. Mientras tanto, nosotros nos convertimos en **seres supervigilados**, cuyas decisiones y comportamientos están cada vez más influidos por el entorno digital que nos rodea, **un entorno que no controlamos**.

El impacto del capitalismo de vigilancia no se limita a nuestros hábitos de consumo o a la publicidad dirigida. También está cambiando **cómo trabajamos** y cómo nos relacionamos con el trabajo. Las plataformas tecnológicas que se alimentan de la vigilancia no solo extraen datos de los consumidores; también extraen datos de los **trabajadores**, moldeando el futuro del empleo.

Plataformas como **Uber, Lyft, Deliveroo y Amazon** son ejemplos perfectos de cómo el capitalismo de vigilancia está transformando el trabajo. Estas empresas utilizan **algoritmos** para monitorear, supervisar y controlar cada movimiento de sus trabajadores, sin ofrecerles los beneficios ni las protecciones de un empleo tradicional. Los conductores de Uber, por ejemplo, están bajo **constante vigilancia**: el algoritmo decide qué viajes aceptan, cómo los realizan, y qué calificación reciben al final del día. **El trabajador ya no trabaja para una persona; trabaja para un algoritmo que lo controla completamente.**

Este tipo de vigilancia crea una relación laboral que es profundamente **asimétrica**. Mientras que las empresas tienen acceso a una cantidad infinita de datos sobre sus trabajadores, **los propios trabajadores no tienen ningún control sobre cómo se utiliza esa información**. No pueden negociar con los algoritmos, ni apelar a las decisiones que toman sobre ellos. **Están completamente a merced de un sistema opaco** que no ofrece transparencia ni responsabilidad.

Esta situación es particularmente preocupante cuando consideramos que las **decisiones automatizadas** tomadas por algoritmos no siempre son justas ni equitativas. En muchos casos, los sistemas de IA incorporan sesgos ocultos que penalizan a ciertos grupos de trabajadores. Un ejemplo famoso es el algoritmo de **Amazon** que recomendaba despedir a empleados en sus almacenes si no mantenían un nivel de productividad considerado adecuado, **sin tener en cuenta factores humanos** como el cansancio, las pausas o problemas de salud.

Este tipo de control algorítmico está creando una **nueva clase de trabajadores precarizados** que viven bajo una vigilancia constante, sin los derechos ni las protecciones que tradicionalmente se asocian con el empleo. En lugar de supervisores humanos, estos trabajadores tienen que cumplir con los estándares inhumanos establecidos por la IA, que **mide su productividad y su eficiencia** sin considerar las complejidades de la vida real.

El capitalismo de vigilancia está redefiniendo no solo cómo trabajamos, sino también cómo vivimos. **La privacidad se ha convertido en una ilusión**, y las líneas entre el trabajo y la vida personal se están desdibujando. Las plataformas digitales no sólo supervisan a los trabajadores durante sus horas laborales, sino que también rastrean sus comportamientos fuera del trabajo, recopilando información sobre su vida privada para optimizar aún más el rendimiento en el futuro.

La pregunta clave es: **¿hasta dónde estamos dispuestos a llegar?**. Las corporaciones tecnológicas ya han demostrado que su prioridad es maximizar la captura de datos, no proteger la privacidad o los derechos de los usuarios. Y la inteligencia artificial es la herramienta perfecta para este propósito. **Nos hemos convertido en engranajes de una máquina masiva de vigilancia y monetización**, y la única forma de resistir este sistema es exigiendo cambios estructurales.

En última instancia, **el capitalismo de vigilancia no es solo una cuestión tecnológica**, es una cuestión ética. ¿Queremos vivir en un mundo donde nuestras acciones, nuestros pensamientos y nuestras decisiones sean moldeadas y manipuladas por algoritmos diseñados para beneficiar a unos pocos? ¿O podemos crear un sistema donde la tecnología sirva a las personas, en lugar de explotarlas?

El capitalismo de vigilancia es una realidad que no podemos ignorar. Las grandes corporaciones tecnológicas han aprendido a convertir el comportamiento humano en un recurso explotable, y **la IA es el motor que impulsa esta transformación**. Estamos siendo vigilados y manipulados a una escala sin precedentes, y mientras las empresas tecnológicas cosechan los beneficios, nosotros **perdemos el control sobre nuestras propias vidas**.

El futuro del trabajo, la privacidad y la autonomía está en juego, y la IA está en el centro de todo. Si no tomamos medidas para **regular el uso de la IA y la captura de datos**, corremos el riesgo de entrar en una era de **esclavitud digital**, donde nuestros comportamientos no solo serán observados, sino moldeados activamente por quienes tienen el poder de controlarlos.

La pregunta no es si debemos temer al capitalismo de vigilancia. **La pregunta es cuándo vamos a hacer algo al respecto.**

7.3. Ética Laboral en la Era de los Algoritmos: ¿Esclavos del Código o Maestros de la IA?

Estamos en un punto de inflexión en la historia del trabajo. Con la automatización y la inteligencia artificial asumiendo tareas que alguna vez fueron exclusivas de los humanos, surge una cuestión crítica: **¿en qué nos convertimos los trabajadores en esta nueva era digital?** ¿Somos simplemente engranajes en una gigantesca máquina algorítmica, programados para seguir instrucciones, o podemos dominar la tecnología para volver a ser **dueños de nuestro trabajo?** En la era de los algoritmos, **el trabajo humano corre el riesgo de convertirse en una sombra de lo que alguna vez fue:** una actividad con sentido, autonomía y valor intrínseco.

El dilema es claro: **¿seremos esclavos del código, ejecutando órdenes invisibles dictadas por IA, o maestros de la tecnología**, utilizándola para potenciar nuestras capacidades y mejorar nuestras condiciones laborales? La respuesta a esta pregunta tiene profundas implicaciones éticas, sociales y económicas. Y no podemos permitirnos ignorarla.

En la era del **trabajo digitalizado**, muchos empleados ni siquiera se dan cuenta de hasta qué punto sus vidas laborales están siendo moldeadas por algoritmos. Desde plataformas de trabajo como **Uber, Amazon, o TaskRabbit**, hasta oficinas donde el software de gestión laboral decide los turnos, las tareas y los objetivos, **el trabajo está siendo controlado por líneas de código**. Lo que antes eran decisiones humanas – ¿quién trabaja, cuándo y cómo?– ahora está en manos de sistemas algorítmicos que, en muchos casos, no tienen transparencia ni sentido de la justicia.

Los algoritmos no toman decisiones éticas. **Optimizan.** No tienen en cuenta factores humanos como la fatiga, las emociones o las dificultades personales. Si no alcanzas los objetivos, si no eres lo suficientemente productivo, el sistema lo registrará como una falla. Un conductor de **Uber**, por ejemplo, no tiene la posibilidad de negociar sus condiciones de trabajo. **Es el algoritmo el que decide cuántos viajes debe aceptar para mantener una calificación positiva**, el que determina si se merece un bono o si su cuenta será suspendida. ¿Suena justo? **No lo es.** Es eficiencia deshumanizada, y es exactamente lo que nos espera si no encontramos formas de regular y humanizar este proceso.

En muchas empresas, **los supervisores humanos están siendo reemplazados por algoritmos** que controlan cada movimiento de los empleados. En **Amazon**, por ejemplo, los trabajadores de almacén son monitoreados constantemente para asegurarse de que cumplen con los objetivos de productividad. Si fallan en alcanzar estos estándares, el sistema les envía alertas, y eventualmente podrían ser despedidos automáticamente, sin intervención humana. **Es el jefe que nunca duerme, nunca se cansa, y nunca tiene compasión.** Si este es el futuro del trabajo, entonces los empleados no son más que **cogidos del cuello por el código.**

Este tipo de supervisión algorítmica también plantea la cuestión del **derecho a la privacidad en el trabajo**. Si cada movimiento está siendo monitoreado y registrado, ¿en qué momento los empleados pierden su autonomía? La era de los algoritmos está dando paso a una **nueva forma de vigilancia laboral**, donde los trabajadores están constantemente bajo la mirada de sistemas que miden cada detalle de su desempeño. Y si bien estas tecnologías pueden mejorar la eficiencia, también corren el riesgo de **despojar a los empleados de su humanidad**, reduciendo a las personas a simples cifras en una hoja de cálculo.

El problema ético más evidente en la era de los algoritmos es la **deshumanización del trabajo**. La IA, diseñada para optimizar y maximizar la eficiencia, está eliminando el componente humano de la ecuación. **Las personas ya no son tratadas como individuos con derechos, emociones y necesidades**, sino como recursos que deben ser gestionados y optimizados. La idea de que el trabajo es más que una simple transacción económica está siendo erosionada por un sistema que valora la eficiencia por encima de todo.

En este nuevo orden, el **trabajo ya no tiene sentido en sí mismo**. Los trabajadores, especialmente aquellos en sectores precarizados como el delivery, el transporte o la logística, no son más que números en un sistema que busca maximizar las ganancias con el menor costo posible. **Los algoritmos no entienden de dignidad laboral**, y eso plantea serios problemas éticos. ¿Cómo garantizamos el respeto a los derechos de los trabajadores cuando las decisiones que les afectan son tomadas por sistemas que no comprenden el concepto de equidad o justicia?

Además, la **automatización de la toma de decisiones** ha creado un entorno en el que los empleados tienen poco o ningún control sobre sus vidas laborales. Cuando un algoritmo decide quién es contratado, quién es promovido o quién es despedido, **se elimina la posibilidad de negociar, de apelar o incluso de ser escuchado**. La idea de que los trabajadores tienen el poder de mejorar su situación mediante el diálogo y la negociación con sus superiores se vuelve una reliquia del pasado. **El jefe ya no es una persona, sino un programa**, y no puedes razonar con un programa.

Otro aspecto ético a considerar es el **sesgo en los algoritmos**. Los sistemas de inteligencia artificial no son inherentemente justos; son tan buenos como los datos con los que se les entrena. Si esos datos contienen sesgos históricos —ya sea en función de raza, género o clase social—, los algoritmos que controlan el trabajo **perpetuarán esos sesgos**. Ya hemos visto casos en los que algoritmos utilizados para la contratación laboral **discriminan a las mujeres**, o donde sistemas de evaluación de empleados **castigan a los trabajadores de ciertas etnias** de manera desproporcionada. Esto significa que la IA, lejos de corregir las injusticias del pasado, **puede estar**

amplificando las desigualdades estructurales.

Sin embargo, el futuro no tiene por qué ser distópico. **Los humanos todavía pueden ser los maestros de la IA**, si decidimos tomar el control de la tecnología en lugar de permitir que nos controle. La IA no es intrínsecamente mala; es una herramienta, y como cualquier herramienta, su valor y ética dependen de cómo la usemos. En lugar de dejarnos esclavizar por los algoritmos, podemos **aprovechar su poder para mejorar el trabajo y devolverle la dignidad a la vida laboral**.

Primero, **la regulación es clave**. No podemos dejar que las empresas tecnológicas dicten las reglas de cómo se utiliza la IA en el trabajo. **Los gobiernos deben intervenir** para garantizar que los algoritmos no violen los derechos de los trabajadores. Esto incluye establecer marcos legales para que los empleados puedan **entender y desafiar** las decisiones automatizadas que afectan sus empleos. **Los algoritmos no pueden ser cajas negras**; deben ser transparentes y auditable, permitiendo que los trabajadores vean cómo y por qué se toman decisiones que impactan su vida.

Además, **la educación y el entrenamiento en IA** son fundamentales para preparar a los trabajadores del futuro. En lugar de temer a la automatización, los empleados pueden aprender a **colaborar con la IA** para potenciar su propio trabajo. Los algoritmos pueden ser utilizados para liberar a los humanos de tareas tediosas y permitirles centrarse en trabajos más creativos y significativos. Pero esto solo será posible si los trabajadores tienen las habilidades necesarias para entender y **controlar la tecnología**.

Algunos sectores ya están mostrando cómo la IA puede ser utilizada de manera ética y productiva. En el sector de la **salud,** por ejemplo, los sistemas de IA están ayudando a los médicos a analizar imágenes y diagnosticar enfermedades más rápido, **sin reemplazarlos, sino potenciando sus habilidades**. Del mismo modo, los **arquitectos** están utilizando software de IA para mejorar sus diseños, pero **mantienen el control creativo**. El punto no es eliminar el trabajo humano, sino permitir que los humanos y las máquinas trabajen en colaboración.

Finalmente, también necesitamos un **cambio cultural** en la forma en que valoramos el trabajo. **La tecnología no debería ser vista como una amenaza**, sino como una oportunidad para redefinir lo que significa trabajar. En lugar de tratar de optimizar cada segundo de la jornada laboral, podríamos utilizar la IA para **mejorar la calidad de vida de los trabajadores**, reduciendo las horas de trabajo, permitiendo más flexibilidad y garantizando un entorno laboral más saludable.

Estamos en un punto crucial de la historia del trabajo. La IA y los algoritmos han llegado para quedarse, y dependerá de nosotros decidir si los humanos seremos **esclavos del código o maestros de la IA**. Si permitimos que la tecnología dicte cada aspecto de nuestras vidas laborales, corremos el riesgo de deshumanizar el trabajo, perdiendo el control y la dignidad que lo acompañan. Sin embargo, si tomamos las riendas, **podemos usar la IA para transformar el trabajo en algo más significativo, creativo y humano.**

El camino hacia este futuro requiere **regulación, educación y un enfoque ético** que sitúe a los humanos en el centro de la ecuación. **La tecnología es una herramienta poderosa, pero solo nosotros podemos decidir cómo utilizarla.** ¿Permitiremos que los algoritmos nos controlen o nos aseguraremos de controlar los algoritmos?

7.4. IA y Descubrimientos: ¿Quién Se Lleva el Crédito?

A ver, dejemos algo claro desde el principio: **la IA no es una herramienta cualquiera.** No estamos hablando de un martillo más sofisticado ni de una calculadora con esteroides. Aquí estamos lidiando con **sistemas capaces de generar, transformar y concluir sobre datos de formas que, a menudo, los propios humanos no habríamos anticipado.** Entonces, la gran pregunta que flota en el aire es: **¿de quién son los descubrimientos cuando la IA es la que encuentra el hilo negro?** Spoiler alert: esto no es una simple pregunta de sí o no. **Es mucho más complicado.**

Primero, empecemos por el contexto: **¿Qué significa que una IA "descubra" algo?** No se trata sólo de procesar más datos más rápido. Estamos hablando de **máquinas que utilizan redes neuronales y algoritmos de aprendizaje profundo** para generar hipótesis científicas, encontrar patrones ocultos y, en muchos casos, hacer avanzar campos enteros como la biomedicina, con una velocidad que los humanos no pueden igualar. Un buen ejemplo: el **desarrollo**

de nuevos medicamentos, donde las IA han logrado resultados que ni siquiera los laboratorios mejor equipados anticipaban.

Pero aquí viene el golpe bajo: **si la IA hace el descubrimiento, ¿de quién es?** Tradicionalmente, los descubrimientos se atribuyen a personas o equipos humanos, pero en este caso, **¿le damos la medalla al creador del algoritmo, al dueño de la infraestructura, o simplemente lo dejamos en manos de quien financió el proyecto?** Es fácil decir "la IA es solo una herramienta", pero reducirlo todo a eso es casi insultante. **Si la IA genera resultados sin intervención directa humana**, entonces estamos entrando en un **terreno ético muy pantanoso**.

Algunos proponen que todo esto se resuelve asignando la propiedad a **los dueños del software o del hardware**. Sí, claro, porque esa idea nunca ha terminado mal... Recordemos cómo las grandes corporaciones ya concentran el poder sobre los avances tecnológicos más disruptivos. **¿Realmente queremos darles aún más control sobre los descubrimientos científicos más avanzados?** Sería como ponerle una banderita de "VIP" al que ya tiene acceso a los recursos más avanzados. **La concentración de poder sería insostenible**, y la ciencia, que debería ser un bien global y colectivo, quedaría en manos de unos pocos actores con intereses comerciales.

Imaginemos por un momento que una IA desarrollada por una gran corporación como Google o Amazon realiza un descubrimiento que revoluciona la energía limpia. ¿Quién se queda con el crédito? ¿La corporación por haber financiado la tecnología? **¿El equipo de ingenieros que diseñó los**

algoritmos, o tal vez los científicos cuyos datos fueron utilizados para entrenar a la IA? En este escenario, el descubrimiento no puede ser atribuido de manera justa a una sola entidad, porque la IA, aunque pueda generar resultados autónomos, **es producto de un ecosistema humano y tecnológico complejo.**

Y ni hablemos de atribuirle **derechos de propiedad intelectual a la IA misma.** Eso sería un salto al vacío. **Una IA no tiene conciencia ni intención,** y asignarle ese tipo de derechos abriría una **caja de Pandora ética y legal.** Básicamente, estaríamos rebajando el concepto de autoría a niveles absurdos, desdibujando completamente la línea entre lo que significa ser un creador. Si empezamos a otorgar derechos de propiedad intelectual a sistemas autónomos, **¿qué detendría a las grandes corporaciones de reclamar cualquier descubrimiento o innovación hecha por sus máquinas?**

El problema más profundo aquí es que la **tecnología de IA,** en las manos equivocadas, tiene un potencial de concentración de poder sin precedentes. **Imaginen un mundo donde solo las corporaciones que poseen las IA más avanzadas tienen acceso exclusivo a los descubrimientos científicos más relevantes.** La desigualdad global actual parecería un chiste al lado de ese escenario distópico. La IA puede acelerar el progreso, sí, pero también puede convertirse en **una barrera impenetrable** para aquellos que no tienen los recursos o la infraestructura para competir.

Y si sumamos la **opacidad de los algoritmos,** donde ni siquiera los propios desarrolladores entienden completamente cómo la IA llega a ciertas conclusiones, bueno, **Houston, tenemos un problema**. ¿Cómo validamos un descubrimiento que no sabemos realmente cómo fue hecho? Si las IA avanzan a un ritmo tal que se vuelven **cajas negras inaccesibles**, entonces el conocimiento científico se vuelve no solo incomprensible, sino también incontrolable. **El conocimiento, en lugar de expandirse, se concentra en las manos de quienes controlan las máquinas.**

Las implicaciones éticas son evidentes. Si permitimos que las IA continúen descubriendo y creando sin ningún tipo de supervisión o regulación sobre la propiedad de esos descubrimientos, **la ciencia y el conocimiento global caerán en manos de un puñado de gigantes tecnológicos.** El progreso se detendría para todos aquellos que no puedan pagar la entrada a ese club exclusivo.

La solución no está en suprimir el avance tecnológico, sino en **redefinir las reglas del juego**. Tal vez el camino más sensato sea ver a la IA como lo que es: **una colaboradora, no una creadora**. Imaginemos un modelo de coautoría, donde **el papel de la IA se reconoce sin quitarle mérito al ingenio humano** detrás de su diseño, supervisión y gestión de los datos que utiliza. ¿Es esto perfecto? **No**. Pero es mucho mejor que el modelo actual de **concentración de poder**, donde las grandes corporaciones se llevan todo el mérito y el control de los descubrimientos más avanzados.

Este modelo de coautoría no solo permitiría **una distribución más equitativa del conocimiento**, sino que también reforzaría la idea de que la IA, por más avanzada que sea, **es una creación humana**. Los ingenieros, científicos y expertos que diseñan y gestionan estos sistemas deben ser reconocidos por su labor, al igual que los datos utilizados para entrenar a las IA deben considerarse parte esencial del proceso de descubrimiento. **El descubrimiento es un proceso colaborativo**, incluso cuando hay máquinas de por medio.

Por eso es urgente que las empresas y los científicos adopten una **cultura de ética tecnológica**. La formación en ciencias de la computación ya no puede ser solo código y algoritmos; **necesita incluir una base sólida de responsabilidad social y ética**. Porque, al final del día, por más avanzada que sea la IA, es un reflejo de nuestras propias limitaciones, sesgos y prioridades.

Y claro, no podemos dejar todo esto en manos de tecnócratas y CEOs de Silicon Valley. **La sociedad en su conjunto** tiene que estar involucrada en estos debates. La transparencia, la regulación y las políticas inclusivas no pueden quedarse como temas de nicho en conferencias de IA; **deben ser parte del diálogo público**. Porque las decisiones que tomemos hoy no solo afectarán a los científicos y las empresas tecnológicas, sino a **todo el futuro del conocimiento humano**.

En resumen: la IA no es solo un avance tecnológico, es **un desafío existencial para nuestras nociones de propiedad, autoría y poder**. No podemos seguir aplicando las mismas reglas que funcionaban en el siglo XX. Estamos en un territorio completamente nuevo, y si no evolucionamos nuestra forma de entender estos temas, corremos el riesgo de **dejar que las grandes corporaciones definan las reglas del juego**. Y ya sabemos cómo termina esa historia.

No se trata de ser tecnófobos ni de detener el progreso. Se trata de **recuperar el control sobre el conocimiento**, de asegurarnos de que los descubrimientos que harán las IA del futuro **no se concentren en manos de unos pocos**, y de que la ciencia continúe siendo una herramienta para el progreso global y no un privilegio para la élite tecnológica. Porque si permitimos que la IA domine sin regulaciones claras, **spoiler final: no será en nuestro mejor interés.**

7.5. IA y Discriminación: Cuando los Sesgos se Codifican en Algoritmos

Ah, la inteligencia artificial, esa maravilla tecnológica que prometía transformar nuestras vidas en una utopía de eficiencia y progreso... hasta que nos dimos cuenta de que detrás de ese código brillante hay más sesgos que en una conversación de sobremesa familiar. Y si hablamos de **los grupos vulnerables**, como la **comunidad LGBT+**, la cosa se pone aún más fea. Porque, claro, ¿quién iba a pensar que una IA entrenada con datos llenos de prejuicios terminaría reproduciendo —e incluso amplificando— esas mismas discriminaciones? **Spoiler:** todos debimos haberlo anticipado.

Pero no es solo la comunidad LGBT+ la que queda atrapada en los sesgos de la IA. **El color de piel, el origen racial y el estatus económico** también son factores que la inteligencia artificial aprende a discriminar, muchas veces de forma más sutil que los propios humanos. Cuándo sistemas de IA se entrenan con datos históricos que ya están contaminados con prejuicios, el resultado es **una tecnología que perpetúa y amplifica las desigualdades** en lugar de corregirlas.

El sesgo en la IA no surge de la nada. Se nutre de una cultura que ha marginado y borrado a figuras clave de la ciencia, la tecnología y la innovación, especialmente aquellas que no encajan en el molde cisheteronormativo. **Los medios de comunicación**, esos grandes narradores de la historia contemporánea, tienen un guion bastante selectivo. Mientras se pavonean con historias de genios que "inspiran", resulta que **figuras verdaderamente revolucionarias**, y además, **parte de la comunidad LGBT+**, quedan convenientemente fuera de escena.

Tomemos el caso de **Lynn Conway**, una auténtica pionera, cuyo nombre probablemente no has escuchado tanto como deberías. **Ingeniera informática y mujer transgénero**, Conway fue una de las mentes brillantes detrás de la **arquitectura VLSI (Integración a Muy Gran Escala)**, fundamental para el desarrollo de los microchips modernos. **Sí, esos chips que están en todo lo que usas**, desde tu teléfono hasta tu automóvil. Sin su trabajo, **la tecnología estaría décadas atrás**. Pero, curiosamente, su historia no encaja en la narrativa que los medios prefieren contarnos.

¿Por qué nunca oímos hablar de ella? Porque, como ocurre con tantas otras figuras LGBT+ en la ciencia, la visibilidad solo parece otorgarse cuando **encajan en un molde preestablecido**. Los medios siguen reforzando estereotipos no sólo omitiendo estas historias, sino también **perpetuando la idea de que los grandes avances tecnológicos**

provienen de un puñado de hombres blancos heterosexuales. Mientras tanto, figuras como Conway, cuya historia debería estar en el centro de cualquier discusión sobre innovación, **permanecen en las sombras.**

Aquí hay algo más insidioso: **los algoritmos de IA que discriminan no surgen de la nada.** Están entrenados, entre otras cosas, con la **representación sesgada** que los medios de comunicación y la sociedad han estado cultivando durante décadas. **Lo que no se ve, no se cuenta. Lo que no se cuenta, no existe.** Y cuando las IA replican estos patrones, **hablamos de un ciclo de invisibilidad que refuerza aún más los prejuicios en la sociedad.**

Pero el sesgo no termina con la invisibilización de las personas LGBT+. **El color de piel, el background económico y la etnia** también son puntos de discriminación que la IA perpetúa de maneras aterradoras.

Un ejemplo claro es el uso de **tecnologías de reconocimiento facial.** Estos sistemas prometen una precisión casi perfecta para identificar a las personas, pero la realidad es otra si tu piel **no es blanca.** Diversos estudios han demostrado que los sistemas de reconocimiento facial son **mucho menos precisos al identificar a personas de piel oscura.** Un estudio realizado por el MIT Media Lab reveló que las tasas de error para mujeres negras alcanzan un alarmante **35%**, mientras que para hombres blancos, el error es casi nulo.

¿Las consecuencias? Ser identificado incorrectamente puede parecer un problema técnico menor, pero en contextos legales o de seguridad, **esto puede ser extremadamente peligroso.** Personas de color han sido arrestadas por error porque un sistema de reconocimiento facial las confundió con sospechosos, y en algunos casos, estas tecnologías ya se están utilizando en estaciones de policía y aeropuertos. **La vida de las personas no debería depender de un algoritmo que ni siquiera puede reconocer correctamente a quienes no son blancos.**

Este tipo de sesgo no es accidental; es **un reflejo directo de los datos con los que se entrenan estos sistemas.** Si los desarrolladores entrenan sus algoritmos con bases de datos predominantemente blancas, el resultado será un sistema que **no sabe lidiar con la diversidad racial.** Y en un mundo cada vez más globalizado, esto no solo es inaceptable, sino increíblemente peligroso.

Los sesgos en la IA también son evidentes en **los procesos de contratación automatizados.** Las empresas, en su esfuerzo por "modernizar" la selección de personal, implementan **sistemas de IA** para filtrar y evaluar currículums. Pero estos sistemas no son neutrales. **Los algoritmos están programados para identificar patrones de éxito,** basados en datos históricos de empleados "exitosos", y estos datos **tienden a excluir automáticamente a candidatos de entornos más pobres o con educación menos elitista.**

Por ejemplo, si el sistema está entrenado para valorar a candidatos que provienen de universidades de prestigio o que han trabajado en grandes corporaciones, **los candidatos que provienen de comunidades marginadas o que no han tenido acceso a esas oportunidades quedan automáticamente fuera del radar.** Es una discriminación económica disfrazada de "eficiencia". **¿El resultado?** Los mismos grupos que históricamente han sido excluidos del acceso a las oportunidades **siguen siendo marginados, pero esta vez por una IA "imparcial"**.

Esto no solo afecta a los individuos, sino que refuerza un ciclo de exclusión en el que **las oportunidades permanecen concentradas** en quienes ya tienen privilegios, mientras que los candidatos de **entornos desfavorecidos quedan atrapados en la pobreza** o en trabajos precarios. **La IA no está nivelando el campo de juego; lo está inclinando aún más** a favor de los privilegiados.

Otro ejemplo escalofriante es el uso de la IA en **la aprobación de créditos y préstamos**. Los bancos y las instituciones financieras están adoptando sistemas de IA para evaluar la solvencia crediticia de las personas. **El problema es que estos sistemas, al igual que los humanos, aprenden de datos históricos llenos de sesgos raciales y económicos**. Esto significa que, si una comunidad ha sido históricamente discriminada o si un grupo racial ha sido sistemáticamente marginado en términos de acceso al crédito, **la IA simplemente replicará esa discriminación**.

Un caso famoso es el algoritmo de **Apple Card**, que fue criticado por **ofrecer límites de crédito significativamente más bajos a mujeres y personas de color,** a pesar de que tenían historiales crediticios similares o mejores que los hombres blancos. ¿Cómo ocurre esto? Porque el sistema **asocia el riesgo crediticio con patrones históricos de discriminación,** perpetuando las desigualdades que se supone que la tecnología debería estar corrigiendo.

Esto no solo es injusto, sino que también impide que las personas de color y las comunidades más pobres puedan **acceder a oportunidades financieras clave** para mejorar sus vidas. Una IA que discrimina en función del color de piel o del background económico **no está avanzando la justicia social**, sino que **consolida la exclusión**.

Lo más irónico aquí es que, mientras se invierten millones en desarrollar estas tecnologías, **se sigue ignorando un punto fundamental: los datos y los algoritmos no están libres de sesgos humanos**. Si entrenamos una IA con datos históricos que excluyen o marginan a ciertos grupos, **¿qué esperamos?** Claro, algunos dirán: "¡Podemos arreglarlo con más datos!" Pero si esos datos **no incluyen activamente las voces de las minorías raciales, económicas o LGBT+**, simplemente **estamos parcheando el problema, no resolviéndolo**.

Entonces, **¿qué hacer?** Primero, las empresas y los desarrolladores de IA deben empezar a **tomarse en serio la diversidad** en sus datos de entrenamiento. No es suficiente decir "nuestra IA es inclusiva" mientras se sigue utilizando información que refleja décadas de prejuicios. **Hace falta un enfoque intencional y proactivo** para incluir y proteger a las minorías en el diseño de los sistemas.

Luego, está la cuestión de la **transparencia**. Muchas de las decisiones de la IA son una **caja negra**, y cuando se trata de discriminación, esta opacidad es un problema gravísimo. Las compañías deben ser capaces de explicar **cómo sus algoritmos llegan a ciertas decisiones**, y más importante aún, estar dispuestas a **corregir el curso** cuando esos algoritmos causan daño. Porque, seamos honestos, ya no es suficiente esconderse detrás del pretexto de que "es solo tecnología".

La promesa de la IA es grande, pero también lo son los riesgos. Y si no abordamos los sesgos que afectan directamente a las comunidades vulnerables, como las personas de color, los grupos LGBT+ o aquellos de entornos económicos desfavorecidos, esa promesa se convertirá rápidamente en **una distopía tecnológicamente avanzada, pero éticamente vacía**. Como en todo, no es suficiente con que la tecnología avance; también tiene que **evolucionar nuestra conciencia social**.

Porque, al final del día, la IA no es el villano de esta historia. **Nosotros, los humanos, lo somos**, si no actuamos con responsabilidad, insisto.

La IA no es intrínsecamente buena ni mala. El problema es que **funciona como un espejo de la sociedad que la entrena**. Si queremos una tecnología más inclusiva, necesitamos una **cultura que reconozca y celebre la diversidad**, no sólo como un valor de marketing, sino como **el motor que siempre ha impulsado el avance científico y tecnológico**.

Capítulo 8:
La IA y el Capitalismo:
¿Quién se Beneficia Realmente?

La **inteligencia artificial (IA)** está transformando casi todos los aspectos de nuestras vidas. Desde la manera en que **consumimos productos** hasta cómo realizamos nuestro trabajo, pasando por la forma en que se distribuyen los **recursos en el mercado**, la IA ha impactado de manera profunda y a una velocidad sin precedentes. Para algunos, es un símbolo de progreso, un avance tecnológico que promete hacer más eficiente la economía global y mejorar la calidad de vida. Pero detrás de todo este progreso aparentemente imparable, surge una pregunta fundamental que rara vez se aborda con suficiente profundidad: **¿quién está realmente beneficiándose de esta revolución tecnológica?**

La IA no opera en un vacío. Su desarrollo, aplicación e impacto están impulsados por **intereses económicos, políticos y sociales**, y como ocurre con cualquier avance significativo en tecnología, los beneficios **no se distribuyen equitativamente**. Al contrario, la concentración del poder económico y la capacidad de explotar los beneficios de la IA está, de manera creciente, en manos de un **pequeño grupo de corporaciones y actores elitistas**. Mientras que para muchos, la IA representa una promesa de un futuro mejor, para otros, es una amenaza que podría **amplificar las desigualdades sociales** y transformar radicalmente el sistema económico actual.

En este capítulo, exploraremos cómo la IA y el

capitalismo están profundamente entrelazados. Examinaremos cómo las **grandes corporaciones tecnológicas** están acumulando un poder desproporcionado gracias a su dominio sobre el desarrollo y control de la IA. Analizaremos cómo esta transformación tecnológica está exacerbando las **desigualdades económicas** al concentrar los beneficios en manos de unos pocos, mientras millones de personas quedan excluidas. Y finalmente, nos preguntaremos si, en última instancia, la IA nos está llevando hacia un futuro donde **el trabajo humano sea reemplazado por completo**, o hacia una **reestructuración radical del capitalismo** como lo conocemos, donde el trabajo ya no sea el eje central de la actividad económica.

Para entender el impacto de la IA en el capitalismo, primero debemos comprender cómo estos dos fenómenos han comenzado a converger. El capitalismo, en su forma moderna, ha estado históricamente vinculado al **aumento de la eficiencia** mediante la adopción de nuevas tecnologías. Desde la Revolución Industrial, la mecanización y la automatización han sido los motores principales de la **productividad económica**. Sin embargo, lo que distingue a la IA de las tecnologías anteriores es su capacidad para **tomar decisiones** y realizar tareas que anteriormente solo podían ser realizadas por humanos.

Las corporaciones más poderosas del mundo, conocidas como las **Big Tech** —Google, Amazon, Facebook, Apple y Microsoft— han sido las principales impulsoras de este avance tecnológico. Estas empresas **controlan el desarrollo y la implementación** de la IA a gran escala, acumulando no solo poder económico, sino también un **inmenso control sobre los datos** que alimentan sus algoritmos. En el sistema capitalista actual, donde los datos se han convertido en el recurso más valioso, aquellas entidades que tienen acceso a cantidades masivas de datos tienen una ventaja competitiva decisiva.

La **concentración de poder** en manos de estas pocas grandes empresas plantea serias cuestiones sobre la **competencia y el libre mercado**. La IA les permite optimizar procesos, reducir costos y monopolizar sectores enteros a través de la **automatización**, lo que les proporciona una posición de dominio casi inquebrantable. Las pequeñas y medianas empresas, que no tienen acceso a los mismos volúmenes de datos ni a la misma capacidad de inversión en IA, quedan fuera de juego. Este ciclo de **monopolización tecnológica** profundiza la desigualdad económica, ya que **los beneficios de la IA se acumulan en manos de unas pocas corporaciones**, mientras que las oportunidades para el resto se reducen.

La capacidad de las **Big Tech** para dominar la IA está directamente relacionada con el **control de los datos**. Cuanto más datos tengan para alimentar sus algoritmos, más precisos y potentes serán sus sistemas de IA. Este ciclo perpetuo de mejora y refinamiento pone a las grandes corporaciones tecnológicas en una **posición casi insuperable**. Estas empresas poseen una capacidad tecnológica que está **fuera del alcance** de las empresas más pequeñas, creando un **desequilibrio competitivo** que amenaza con monopolizar mercados enteros.

Google, por ejemplo, controla no solo el **mercado de las búsquedas en internet**, sino también una gran parte del **mercado publicitario global**. A través de sus algoritmos de

IA, puede recopilar datos sobre los hábitos de consumo de miles de millones de usuarios en todo el mundo y ofrecer **publicidad personalizada** que es prácticamente inalcanzable para sus competidores más pequeños. **Amazon** ha automatizado gran parte de sus operaciones logísticas y de venta a través de IA, lo que le permite **predecir la demanda**, ajustar precios en tiempo real y **optimizar las entregas** a una escala que ninguna otra empresa de comercio electrónico puede igualar.

Estas empresas no solo están **mejorando su eficiencia**, sino que también están **consolidando su poder**. La IA les otorga un **poder descomunal** para influir en mercados y consumidores, lo que **sofoca la innovación y la competencia**. En un mercado capitalista ideal, la competencia debería impulsar la innovación, mejorar los productos y servicios y beneficiar a los consumidores. Sin embargo, en este contexto, la IA está reforzando **tendencias monopólicas** al permitir que las grandes empresas **dominen sectores clave** de la economía mundial.

A medida que la IA se extiende a todos los rincones de la economía, se hace evidente que **no todos se están beneficiando por igual**. De hecho, en muchos casos, la IA está profundizando la **brecha entre ricos y pobres**, ya que las **élites tecnológicas** son quienes están cosechando la mayor parte de las ganancias. Mientras que las grandes corporaciones utilizan la IA para reducir costos y aumentar la productividad, los **trabajadores tradicionales** ven cómo sus puestos de trabajo son amenazados por la automatización.

La IA está cambiando la naturaleza del trabajo de manera fundamental. En el pasado, la automatización afectaba principalmente a los **trabajos manuales**, pero la IA ha llevado la automatización a sectores de **alto valor** que antes eran considerados insustituibles, como el **análisis financiero**, la **investigación médica**, la **ingeniería** y el **diseño**. Los empleos que requieren habilidades altamente especializadas también están siendo **desplazados por algoritmos**, y los **nuevos empleos** que se crean tienden a estar concentrados en **centros tecnológicos** como Silicon Valley, donde las élites tecnológicas acumulan aún más riqueza.

Este proceso ha dado lugar a una **nueva clase de desigualdad económica**. Los trabajadores que no tienen las habilidades necesarias para operar en una economía **altamente digitalizada y automatizada** están quedando rezagados, mientras que quienes controlan el desarrollo y la implementación de la IA están acumulando vastas riquezas. En lugar de ser una herramienta que democratice el acceso a oportunidades económicas, la IA está, en muchos casos, **exacerbando la desigualdad** al concentrar aún más la riqueza en manos de unos pocos.

En este sentido, la IA también está reforzando las **dinámicas globales de desigualdad**. Los países más desarrollados, que cuentan con **infraestructura tecnológica avanzada** y acceso a grandes cantidades de datos, están capitalizando los beneficios de la IA a un ritmo mucho más acelerado que los países en vías de desarrollo. Esto está creando una nueva **brecha digital** a nivel mundial, donde las naciones que no pueden acceder a estas tecnologías avanzadas están quedando rezagadas en la **competencia global**.

Una de las mayores preocupaciones sobre el impacto de la IA en la economía es la posibilidad de que **el trabajo humano sea reemplazado por completo**. A medida que la IA se vuelve más sofisticada y capaz de realizar tareas que anteriormente solo podían ser realizadas por humanos, es probable que veamos una **disminución significativa en la demanda de trabajadores** en una amplia variedad de sectores. Esta transformación plantea una pregunta inquietante: **¿qué lugar ocuparán los humanos en una economía dominada por la IA?**

Algunos sostienen que la IA será una **fuerza liberadora**, que permitirá a los humanos concentrarse en tareas más creativas y significativas, mientras que las máquinas se encargan de los trabajos repetitivos y aburridos. Sin embargo, esta visión optimista no tiene en cuenta el **impacto a corto plazo** de la automatización en los trabajadores que dependen de empleos que ahora están siendo reemplazados por máquinas.

En lugar de mejorar la vida de todos, la IA podría estar contribuyendo a la creación de una **sociedad polarizada**, donde las personas que no tienen acceso a la **educación tecnológica** o que no pueden competir en un **mercado laboral automatizado** son empujadas a los márgenes de la economía. La concentración de poder en manos de unas pocas corporaciones tecnológicas y la **destrucción de empleos tradicionales** podrían crear un **nuevo orden económico**, en el que el trabajo humano ya no sea el eje central de la economía, sino un **recurso secundario** que solo algunos puedan ofrecer.

Frente a estos desafíos, surge la pregunta de si la **IA nos llevará a una reestructuración radical del capitalismo**.

El capitalismo ha sido históricamente impulsado por la necesidad de trabajo humano para generar riqueza. Pero en un mundo donde la IA hace gran parte del trabajo, **¿qué pasará con este sistema económico?** Si la mano de obra ya no es necesaria para generar valor, ¿qué papel jugarán los seres humanos en la economía del futuro?

Una posibilidad es que estemos en el umbral de una **nueva era económica**, donde el **capitalismo digital** reemplaza al capitalismo tradicional. En este nuevo sistema, **los datos y la propiedad intelectual** se convertirán en los recursos más valiosos, y aquellos que los controlen tendrán un poder inmenso. Para la mayoría, el acceso a los beneficios del sistema dependerá de **políticas de redistribución**, como la **renta básica universal**, diseñadas para garantizar que las personas puedan subsistir en una economía donde el trabajo tradicional ya no es necesario.

Sin embargo, la transición hacia este nuevo sistema no será fácil ni uniforme. Si no se gestiona adecuadamente, la IA podría **aumentar la desigualdad, erosionar las estructuras laborales** y **socavar los fundamentos** del capitalismo tal como lo conocemos. En lugar de una herramienta que empodere a todos por igual, la IA podría convertirse en una **fuente de dominación económica y social**, exacerbando las tensiones y divisiones que ya existen en el sistema económico global.

La inteligencia artificial (IA) se ha convertido en la **columna vertebral del crecimiento y éxito** de las grandes corporaciones tecnológicas, también conocidas como **Big Tech**. Empresas como **Google, Amazon, Apple, Microsoft** y **Facebook** (ahora Meta) han aprovechado la IA no sólo para optimizar sus operaciones, sino también para afianzar su control sobre vastos sectores de la economía global. En este contexto, surgen preocupaciones de que la **IA está reforzando y acelerando la creación de monopolios**, llevando a una concentración de poder nunca antes vista en la era tecnológica.

El auge de estas corporaciones ha transformado **mercados enteros** y está modificando la forma en que las personas interactúan con los productos, servicios e información. Sin embargo, la verdadera pregunta es: **¿hasta qué punto la IA ha potenciado la capacidad de estas empresas para consolidar su poder y suprimir a la competencia?** Y lo que es aún más importante: **¿qué significa esto para el futuro de la innovación y el libre mercado?**

En la actualidad, la IA no puede existir sin **datos masivos**. Los datos son el **combustible** que impulsa a los algoritmos de IA, y quienes tengan acceso a mayores volúmenes de datos podrán desarrollar sistemas de IA **más robustos, precisos y avanzados**. Aquí es donde entra en juego el dominio de las **Big Tech**. Estas empresas tienen acceso a cantidades descomunales de datos provenientes de **sus plataformas masivas**, que abarcan desde motores de búsqueda y redes sociales hasta servicios en la nube y comercio electrónico. Este acceso exclusivo a los datos les proporciona una **ventaja competitiva inmensa**.

Google, por ejemplo, utiliza los datos de miles de millones de usuarios en todo el mundo para **optimizar su**

motor de búsqueda, mejorar la precisión de los anuncios y desarrollar servicios que predicen lo que los usuarios quieren antes de que ellos mismos lo sepan. **Amazon** ha creado una infraestructura basada en IA que analiza los datos de sus millones de clientes para prever patrones de compra, ajustar precios y **optimizar la logística** de sus envíos a una escala inigualable. El resultado es que estas empresas no solo dominan sus respectivos sectores, sino que también **impiden el surgimiento de competidores** que carecen de acceso a esta vastedad de datos.

La **retroalimentación continua** de estos datos refuerza el poder de las Big Tech, creando un **círculo virtuoso** en el que la IA genera más datos, que luego se utilizan para hacer que los algoritmos sean aún más potentes. Este ciclo de mejora constante **levanta barreras casi infranqueables para las nuevas empresas**. Las **startups** que desean competir en los mercados dominados por Google, Amazon o Microsoft se encuentran con el reto insuperable de no contar con la **infraestructura** ni los **recursos de datos** necesarios para desarrollar una IA al mismo nivel.

Además, las empresas más pequeñas **no solo carecen de los datos**, sino también del **poder financiero** para acceder al talento y las tecnologías de vanguardia que les permitan desarrollar sus propias soluciones basadas en IA. Las grandes corporaciones, con sus **miles de millones de dólares en capital**, pueden atraer a los mejores ingenieros de IA, adquirir las **startups más prometedoras** antes de que representen una amenaza seria, y financiar **centros de investigación avanzados** que les permiten seguir innovando sin interrupciones.

Para comprender cómo la IA está permitiendo la monopolización de mercados, es crucial examinar las **estrategias específicas** que las Big Tech están utilizando para fortalecer su dominio:

1. **Economías de escala y poder de datos:** Una vez que una empresa tecnológica acumula suficientes datos, puede desarrollar **algoritmos de IA de una calidad superior**. Esto le permite ofrecer productos y servicios más atractivos, que a su vez **atraen a más usuarios**, generando aún más datos. Este ciclo perpetuo crea **economías de escala** que hacen que sea casi imposible para los competidores alcanzar el mismo nivel de rendimiento.

2. **Optimización de precios y márgenes de beneficio:** Las grandes empresas tecnológicas pueden utilizar la IA para **optimizar precios de manera dinámica**, ajustando las tarifas en tiempo real en función de la demanda del mercado y la competencia. Esto les permite **minimizar costos**, maximizar los márgenes de beneficio y **expulsar a los competidores más pequeños**, que no pueden igualar sus precios. En plataformas como Amazon, los algoritmos de fijación de precios pueden, en cuestión de segundos, cambiar los precios de millones de productos, lo que otorga una ventaja competitiva significativa sobre otros minoristas.

3. **Expansión hacia nuevos sectores mediante IA:** A medida que las Big Tech siguen perfeccionando su IA, están **diversificando sus operaciones** y expandiéndose hacia sectores que tradicionalmente estaban fuera de su alcance. Por ejemplo, Amazon no solo domina el comercio electrónico, sino que también se ha expandido al **sector de la salud**, con la adquisición de empresas de farmacia y el desarrollo de IA médica para optimizar diagnósticos. Google está invirtiendo fuertemente en **IA aplicada a la movilidad y los coches autónomos**, mientras que Microsoft ha penetrado en el mundo de los **servicios en la nube y la inteligencia empresarial**. Al usar la IA para entrar en nuevas industrias, las Big Tech están **acaparando sectores enteros**, generando conglomerados que controlan no solo la tecnología, sino también los servicios esenciales en nuestra sociedad.

4. **Adquisiciones estratégicas:** Otra forma en que las Big Tech consolidan su poder es mediante la adquisición de **startups prometedoras** que podrían convertirse en competencia futura. **Google, Facebook, Amazon y Microsoft** han adquirido docenas, si no cientos, de startups de IA, integrando sus tecnologías y eliminando cualquier posible rival antes de que pueda crecer. Estas adquisiciones no solo eliminan a los competidores, sino que también **fortalecen la capacidad de las grandes empresas para innovar**, ya que integran nuevas tecnologías en sus propios ecosistemas.

La **concentración de poder en las Big Tech** tiene múltiples efectos sobre el **mercado y la innovación**. Por un lado, estas empresas pueden ofrecer productos y servicios a **precios bajos** gracias a la optimización que logran con sus algoritmos de IA. Esto, en el corto plazo, beneficia a los consumidores que tienen acceso a productos más baratos y eficientes. Sin embargo, a largo plazo, la concentración de poder plantea serias amenazas para la **libertad de elección**, la **innovación** y el **equilibrio del mercado**.

Con el **control absoluto sobre los datos y los mercados**, las Big Tech pueden decidir qué innovaciones se desarrollan y cuáles no. Pueden imponer sus propias reglas, expulsar a los competidores y controlar qué productos y servicios llegan a los consumidores. Esta **centralización del poder** limita la **competencia genuina** y sofoca la creatividad de nuevas startups que no tienen la capacidad de desafiar a los gigantes tecnológicos. En un escenario así, la **innovación se estanca**, ya que no hay incentivos para que estas grandes empresas mejoren significativamente sus productos si no enfrentan una verdadera competencia.

Además, la concentración de poder económico y tecnológico en unas pocas manos también tiene **implicaciones políticas**. Estas empresas tienen **influencia desproporcionada** sobre los reguladores y los gobiernos, lo que les permite **moldear las políticas públicas** a su favor. Su capacidad para influir en decisiones regulatorias limita cualquier intento de **controlar su expansión** o **imponer regulaciones** que podrían equilibrar el campo de juego para las empresas más pequeñas.

El creciente poder de las **Big Tech** plantea la cuestión de si es posible frenar su influencia y restaurar el **equilibrio competitivo** en el mercado. Algunos expertos abogan por **romper estas empresas en entidades más pequeñas**, similar a lo que sucedió con los monopolios de las telecomunicaciones y el petróleo en el pasado. Sin embargo, dada la **naturaleza global y digital** de estas empresas, esta opción podría ser extremadamente difícil de implementar.

Otra solución posible es **imponer regulaciones más estrictas sobre la recolección y el uso de datos**, limitando la capacidad de las grandes corporaciones para utilizar su ventaja competitiva en IA. De igual manera, se podrían implementar **políticas antimonopolio más efectivas** para evitar que las grandes empresas tecnológicas adquieran a cualquier competidor emergente que pudiera desafiar su hegemonía.

No obstante, estas soluciones requieren una **voluntad política fuerte** y una **colaboración internacional** para ser efectivas, dado el alcance global de las operaciones de las Big Tech. Mientras tanto, la **concentración del poder en torno a la IA** sigue creciendo, y es probable que el impacto de esta tecnología en la **estructura del mercado** sea aún más profundo en los próximos años.

8.1. ¿Hacia una ética global de la IA? Los esfuerzos internacionales para poner reglas al caos

A medida que la inteligencia artificial (IA) avanza y se convierte en una fuerza omnipresente que impacta en todos los sectores de la sociedad, surge una pregunta clave: **¿cómo regulamos de manera efectiva esta tecnología en un mundo globalizado?** La IA no conoce fronteras; los algoritmos desarrollados en Silicon Valley pueden tener efectos profundos en China, África o América Latina. Y a pesar de los beneficios indiscutibles de la IA, su uso plantea serios dilemas éticos, desde la **discriminación algorítmica** hasta la **vigilancia masiva** y el **control social**. Ante este panorama, la necesidad de una **ética global para la IA** se ha vuelto más urgente que nunca.

El problema es que, mientras que la **tecnología avanza rápidamente**, las regulaciones internacionales, los marcos éticos y los acuerdos multilaterales están **rezagados**. Los gobiernos, las organizaciones internacionales y las empresas tecnológicas se encuentran **luchando por encontrar una solución común**, mientras las aplicaciones de IA ya están afectando la vida de millones de personas en todo el mundo. En este contexto, surge la gran pregunta: **¿es posible establecer una ética global para la IA?**

La IA ha avanzado de forma descontrolada, sin una regulación coherente o global que determine cómo debe ser implementada o supervisada. Mientras algunos países están tomando medidas para establecer marcos éticos y legales, la **disparidad en los enfoques** es evidente. Algunos países, como **China**, están usando la IA para consolidar un **control estatal** aún mayor sobre sus ciudadanos, mediante **sistemas de vigilancia masiva** y monitoreo de la población en tiempo real. Otros, como **Estados Unidos**, permiten que las **corporaciones tecnológicas** utilicen la IA con muy poca regulación, dejándolas prácticamente libres para explotar los datos de los usuarios y desarrollar algoritmos que, en muchos casos, **amplifican las desigualdades sociales**.

Mientras tanto, la **Unión Europea** ha sido uno de los principales actores en intentar liderar el establecimiento de un **marco ético** para la IA. La propuesta de la **Unión Europea sobre la Regulación de la IA**, por ejemplo, clasifica las aplicaciones de IA en diferentes niveles de riesgo y propone **restricciones más estrictas** para aquellas consideradas de "alto riesgo", como los sistemas utilizados en la **justicia penal, salud y contratación laboral**. Sin embargo, aunque la UE ha avanzado en este sentido, las regulaciones son **locales**, y su impacto fuera de las fronteras del continente es limitado.

El caos regulatorio se acentúa cuando consideramos que la mayoría de las **corporaciones tecnológicas** que están liderando la carrera de la IA son **multinacionales**. Esto significa que desarrollan sus productos en un país, pero **los despliegan globalmente**, lo que genera un **vacío legal** en muchas regiones. Los datos de millones de personas de distintos países pueden ser utilizados para entrenar algoritmos sin que los gobiernos locales tengan **ningún control** sobre cómo se utilizan esos datos o sobre las decisiones que esas IA están tomando en sus territorios.

Esta **falta de coherencia** no solo crea un entorno donde la **desconfianza** hacia la IA aumenta, sino que también genera una **competencia desleal** entre los países. Mientras algunos se benefician de la **innovación rápida y sin regulación**, otros enfrentan los **costos sociales** de los errores algorítmicos, los **sesgos** y las **injusticias** que los sistemas de IA perpetúan. En un mundo globalizado, donde las economías están interconectadas, este **caos regulatorio** amenaza con empeorar si no se establecen **normas universales**.

A pesar del caos actual, se han hecho algunos intentos notables para establecer una **ética global para la IA**. Organizaciones internacionales como la **ONU**, la **UNESCO** y la **OCDE** han comenzado a impulsar diálogos para generar un **consenso global** en torno a los **principios éticos fundamentales** que deberían guiar el desarrollo y uso de la IA.

Por ejemplo, la **UNESCO** aprobó en 2021 un documento clave titulado **"Recomendación sobre la Ética de la Inteligencia Artificial"**, que establece una serie de principios éticos que los países miembros deberían considerar al desarrollar y utilizar IA. Entre estos principios se encuentran el **respeto a los derechos humanos**, la **inclusión**, la **no discriminación**, y la **transparencia** en el uso de la IA. El objetivo de esta recomendación es crear un **marco ético universal** que sea aceptado por los países miembros de la UNESCO, y que sirva de base para las regulaciones locales e internacionales.

Otro esfuerzo importante ha sido la **Alianza Global para la IA (GPAI)**, una iniciativa que busca reunir a gobiernos, científicos y empresas tecnológicas para promover una **IA responsable** y basada en los principios de

transparencia, justicia y equidad. Esta alianza, que incluye países como **Canadá, Francia, Japón y el Reino Unido**, ha establecido varias recomendaciones sobre cómo la IA puede ser regulada de manera que **beneficie a la sociedad** y **mitigue los riesgos**.

Sin embargo, aunque estos esfuerzos son prometedores, **existen limitaciones**. En primer lugar, son **voluntarios** y no tienen un mecanismo de **aplicación legal**. En segundo lugar, los **intereses divergentes** entre las principales potencias tecnológicas, como **China** y **Estados Unidos**, complican la creación de un **acuerdo global vinculante**. Estas potencias tienen enfoques muy diferentes sobre el papel de la IA en la sociedad, lo que hace que el diálogo global sea más **fragmentado y lento**.

8.2. Los Desafíos para una Ética Global de la IA

El establecimiento de una ética global para la IA enfrenta una serie de **desafíos estructurales** y **políticos** que deben ser abordados si queremos evitar un futuro donde la IA agrave los problemas sociales en lugar de solucionarlos.

1. Intereses Divergentes entre Países

Uno de los mayores desafíos es la **divergencia de intereses** entre las principales potencias tecnológicas. **China,** por ejemplo, utiliza la IA como una herramienta de control social a través de sistemas de **vigilancia masiva, reconocimiento facial** y **evaluación de la reputación social**. Este uso de la IA contradice los principios de **derechos humanos** y **privacidad** que muchos países occidentales defienden. Por otro lado, **Estados Unidos** permite que las **corporaciones tecnológicas privadas** desarrollen IA con una **supervisión mínima**, lo que conduce a la explotación de los datos personales de los usuarios en beneficio comercial. Estas diferencias culturales y políticas hacen que sea extremadamente difícil alcanzar un **consenso global** sobre los **principios éticos básicos** de la IA.

2. Falta de Transparencia y Caja Negra Algorítmica

Otro desafío clave es la **falta de transparencia** en los sistemas de IA. Muchos de los algoritmos más avanzados operan como **cajas negras**, lo que significa que ni siquiera los desarrolladores pueden explicar completamente cómo toman sus decisiones. Esta falta de transparencia no solo dificulta la regulación, sino que también plantea preguntas serias sobre **responsabilidad**. Si los propios creadores de la IA no pueden explicar cómo funcionan sus sistemas, ¿cómo podemos establecer normas éticas claras para asegurarnos de que no están tomando decisiones sesgadas o perjudiciales?

3. Desigualdad Global en el Acceso a la IA

Un tercer desafío es la **desigualdad global en el acceso a la IA**. Mientras que las **naciones ricas** tienen acceso a las infraestructuras tecnológicas necesarias para desarrollar y regular la IA, los países en desarrollo están **quedando rezagados**. Esta brecha tecnológica agrava la **desigualdad global** y deja a muchos países vulnerables a las **injusticias algorítmicas**. Si no se abordan estas desigualdades, cualquier esfuerzo por establecer una ética global será insuficiente, ya que **no todos los países estarán en igualdad de condiciones** para implementar las regulaciones necesarias.

4. Dificultad para Crear Políticas Internacionales de Cumplimiento

Aunque existen esfuerzos para crear una ética global de la IA, implementar políticas que sean **vinculantes y aplicables** en todos los países sigue siendo uno de los mayores obstáculos. El **panorama legal** es fragmentado y, en muchos casos, los países tienen marcos regulatorios completamente diferentes. Además, las **corporaciones tecnológicas multinacionales** operan más allá de las fronteras, lo que significa que ningún país puede regular completamente sus operaciones sin una **colaboración internacional** sólida. La pregunta es: **¿cómo diseñamos políticas que sean efectivas a nivel global y no solo en una jurisdicción específica?**

8.3. Un Futuro Ético para la IA: ¿Una meta alcanzable?

A pesar de los numerosos desafíos que plantea el desarrollo de una **ética global para la IA**, establecer este marco no es solo deseable, sino **absolutamente necesario**. La IA tiene el potencial de transformar profundamente nuestras sociedades, pero sin una **orientación ética clara y efectiva**, existe un alto riesgo de que esta tecnología perpetúe o incluso amplifique las **injusticias y desigualdades** existentes. Si bien el camino hacia una regulación global de la IA es complicado, hay varios puntos en los que el **consenso internacional** es posible, y estos podrían servir como base para un **futuro más justo y equitativo**.

A continuación, se detallan algunos principios clave que podrían formar la base de esta ética global de la IA y cómo se aplican en un contexto **global** y **regional**, con especial énfasis en **América Latina**.

Un principio fundamental para una **IA ética** es la **transparencia**. Los algoritmos que influyen en decisiones críticas, como en los sistemas de **justicia penal, salud pública** o **contratación laboral**, deben ser **explicables**. Es decir, las personas afectadas por decisiones tomadas por algoritmos deben tener derecho a entender **cómo se llegó a esa decisión**. Esto incluye saber qué datos se utilizaron, cómo se procesaron y **qué lógica interna siguió la IA**.

En América Latina, donde la confianza en las instituciones públicas y privadas es, en muchos casos, baja, la necesidad de **transparencia algorítmica** es aún más urgente. Países como **Brasil** y **México** ya están experimentando con IA en áreas como la **seguridad pública** y la **contratación de personal en el sector gubernamental**, pero a menudo **sin marcos claros de transparencia**. Sin **mecanismos de supervisión adecuados**, los sistemas de IA podrían profundizar los problemas de **corrupción** o **discriminación** en la región. Garantizar que los algoritmos sean comprensibles para los ciudadanos y reguladores es esencial para construir la confianza en la IA y evitar abusos.

Otro pilar crucial de una ética global para la IA es la **responsabilidad**. Las empresas que desarrollan y despliegan algoritmos de IA, así como los gobiernos que los utilizan, deben ser **responsables** de los **errores algorítmicos** y de los **sesgos perjudiciales** que estos puedan generar. Esto implica no solo establecer mecanismos claros para identificar cuando un algoritmo ha causado un daño, sino también **mecanismos de reparación** para las personas afectadas.

En **América Latina**, la implementación de IA en sectores como la **educación**, la **seguridad** y los **servicios públicos** plantea serias preocupaciones en términos de responsabilidad. Dado que muchas infraestructuras en la región son **precarias** o están subdesarrolladas, la introducción de la IA sin marcos éticos adecuados podría resultar en **daños significativos**. Por ejemplo, en el ámbito de la justicia, el uso de **algoritmos para predecir la reincidencia** de un delincuente podría **perpetuar sesgos raciales** o **discriminación por clase social**. Por lo tanto, es esencial que los países latinoamericanos desarrollen **leyes robustas** que responsabilicen a las instituciones por los fallos de la IA y proporcionen **recursos legales** a quienes sean víctimas de decisiones erróneas automatizadas.

La **brecha digital** es una realidad innegable en todo el mundo, pero en **América Latina**, esta brecha es especialmente profunda. Mientras que en las principales economías desarrolladas la transición hacia el uso generalizado de la IA avanza rápidamente, los países en desarrollo enfrentan serios problemas de **infraestructura tecnológica** y **desigualdad en el acceso**. Si no se abordan estas diferencias, la IA podría empeorar las **desigualdades económicas** y dejar a millones de personas al margen del progreso tecnológico.

Para reducir esta brecha, es vital que se **aumenten las inversiones en capacitación** y en **alfabetización digital**. Las habilidades para utilizar y desarrollar IA deben estar **al alcance de todos**, no solo de una élite tecnológica o de aquellos en los centros urbanos. Iniciativas como **Platzi** en América Latina han demostrado el valor de la educación tecnológica en línea, democratizando el acceso a **habilidades digitales** en la región. Sin embargo, el impacto de estas plataformas debe ampliarse con el apoyo de los gobiernos y el sector privado.

Programas educativos masivos, como los que se ofrecen en plataformas como **Coursera** o **Udemy**, pueden ser una solución viable para mejorar la **capacitación tecnológica** de las personas en América Latina, pero estas iniciativas necesitan ser complementadas con **inversiones en infraestructura** (internet de banda ancha, acceso a dispositivos), y con **políticas públicas** que promuevan la inclusión digital en las áreas más marginadas. Sin una base sólida de **alfabetización digital**, los ciudadanos latinoamericanos corren el riesgo de ser **excluidos** de las oportunidades económicas emergentes que trae consigo la IA.

A medida que la IA transforma industrias enteras y altera la dinámica del poder global, es evidente que **ningún país puede regular la IA por sí solo**. La **colaboración internacional** es fundamental para crear marcos éticos y regulatorios que sean consistentes y efectivos. Dado que las tecnologías de IA se desarrollan y despliegan a nivel **multinacional**, los acuerdos internacionales son esenciales para garantizar que la IA se utilice de manera **justa** y que respete **los derechos humanos** en todo el mundo.

En **América Latina**, la cooperación internacional es especialmente importante. Aunque algunos países como **Brasil** y **Chile** han comenzado a desarrollar sus propias políticas de IA, muchos otros carecen de los **recursos** y la **expertise** para regular esta tecnología de manera efectiva. Los países latinoamericanos deben formar parte de iniciativas globales que promuevan un enfoque ético de la IA, como la **Recomendación sobre la Ética de la Inteligencia Artificial de la UNESCO** o la **Alianza Global sobre IA**.

Sin embargo, más allá de la simple adopción de marcos internacionales, **América Latina necesita una mayor voz en la mesa** de negociación global en torno a la IA. A menudo, los países en desarrollo son **receptores pasivos** de las tecnologías diseñadas en el Norte Global, sin tener una influencia significativa en las decisiones regulatorias. Para que los marcos éticos globales reflejen las **realidades y necesidades** de América Latina, los gobiernos de la región deben **involucrarse activamente** en la creación de normas internacionales, asegurando que sus **valores y prioridades** estén representados.

Además, los países latinoamericanos podrían beneficiarse de **acuerdos regionales**, creando un enfoque conjunto para el desarrollo y la regulación de la IA que promueva la **justicia social** y el **desarrollo inclusivo**. La **Comisión Económica para América Latina y el Caribe (CEPAL)** ya ha iniciado discusiones sobre el impacto de la IA en la región, y esto podría ser el punto de partida para una **colaboración regional más profunda**.

En conclusión, un **futuro ético para la IA** es una meta alcanzable, pero solo si los gobiernos, las corporaciones tecnológicas y la sociedad civil trabajan juntos para garantizar que esta tecnología se desarrolle y utilice de manera **responsable**. En **América Latina**, la adopción de la IA trae consigo tanto **oportunidades** como **riesgos**. Si no se abordan las **desigualdades estructurales** y no se priorizan las **inversiones en educación y tecnología**, la región corre el riesgo de **quedar rezagada**.

Por otro lado, si América Latina logra **superar las barreras** que enfrenta actualmente en términos de infraestructura y acceso, podría posicionarse como un líder emergente en el desarrollo de **IA ética y equitativa**. A través de la **transparencia**, la **responsabilidad** y la **colaboración internacional**, la IA puede convertirse en una herramienta poderosa para **reducir la desigualdad**, mejorar la **calidad de vida** y construir un **futuro más justo** para todos en la región.

Capítulo 9:
IA en la Educación: ¿Herramienta de Inclusión o Exclusión?

La educación siempre ha sido presentada como el gran nivelador social, esa herramienta mágica capaz de romper ciclos de pobreza, abrir puertas y crear oportunidades. Pero, con la irrupción de la **inteligencia artificial (IA)** en las aulas, debemos preguntarnos si estamos ante una verdadera revolución inclusiva o si, más bien, estamos **automatizando las desigualdades** que ya existen. Y la verdad es que la historia de la educación está plagada de promesas incumplidas, y la IA podría ser solo el último capítulo de ese relato si no se maneja con la **cautela y planificación necesarias**.

La idea de que la IA pueda transformar la educación es atractiva, no lo niego. Después de todo, estamos hablando de sistemas que pueden **personalizar el aprendizaje** en tiempo real, adaptarse a las necesidades de cada estudiante y optimizar los recursos educativos de manera que los humanos simplemente no pueden. **Tutores virtuales, evaluaciones automatizadas** y **sistemas inteligentes** que identifican lagunas en el aprendizaje suenan como la solución a muchos problemas del sistema educativo actual, que sigue rezagado en términos de calidad, acceso y equidad. Pero cuando rascamos un poco más allá del marketing tecnófilo, encontramos una serie de preguntas incómodas que pocos están dispuestos a plantear.

¿Podemos confiar la educación de nuestras futuras generaciones a un algoritmo? La educación no es una cadena de montaje ni un proceso industrial que pueda ser optimizado sin considerar la dimensión **emocional, creativa y cultural** del ser humano. Automatizar el aprendizaje podría, en el mejor de los casos, hacer más eficientes algunos procesos, pero también corre el riesgo de **deshumanizar** un espacio donde la interacción humana es clave. La enseñanza no es solo transmitir información; es **inspirar, motivar y conectar** con los estudiantes. Y por mucho que los algoritmos se esfuercen en recopilar datos y adaptarse a cada alumno, hay una dimensión de la enseñanza que simplemente no puede ser replicada por la IA.

Además, **no todos los estudiantes son iguales**, y los algoritmos entrenados con grandes volúmenes de datos tienden a hacer generalizaciones basadas en patrones. **¿Qué sucede con los estudiantes que no encajan en esos patrones?** Las IA pueden identificar tendencias y optimizar contenidos, pero no entienden **contextos personales, sociales o culturales**. Los estudiantes que vienen de entornos marginalizados, que tienen necesidades especiales o que piensan de manera diferente corren el riesgo de ser excluidos o mal evaluados por sistemas que no están diseñados para reconocer su singularidad. Y si hay algo que hemos aprendido de los algoritmos utilizados en otros sectores (como la contratación o la justicia), es que son **tan buenos como los datos con los que se entrenan**. Y estos datos, lamentablemente, suelen estar plagados de **sesgos históricos** que perpetúan las mismas desigualdades que supuestamente intentan resolver.

Por otro lado, está el problema del **acceso desigual a la tecnología**. Vivimos en un mundo donde la **brecha digital** sigue siendo una realidad. Millones de estudiantes no tienen acceso a **dispositivos adecuados, internet de calidad** o, en algunos casos, ni siquiera electricidad estable. Si la IA se convierte en una herramienta fundamental en el sistema educativo, **¿qué sucede con aquellos que no pueden acceder a ella?**. En teoría, la IA podría cerrar la brecha educativa, brindando recursos de calidad a estudiantes de cualquier rincón del planeta. Pero, en la práctica, estamos viendo cómo las soluciones tecnológicas tienden a **ampliar las desigualdades**. Los estudiantes de entornos privilegiados tendrán acceso a las mejores herramientas de IA, mientras que aquellos de entornos más desfavorecidos quedarán aún más rezagados.

Tomemos como ejemplo las plataformas educativas en línea que han ganado popularidad durante los últimos años, como **Coursera, Udemy** o **Platzi**. Estas plataformas, que utilizan algoritmos de recomendación y personalización, han democratizado el acceso a ciertos tipos de conocimiento. Pero la **alfabetización digital**, las **habilidades para aprender en línea** y el acceso a **tecnología de calidad** siguen siendo **privilegios**. Las universidades y escuelas que pueden integrar IA en sus currículos son, por lo general, las más prestigiosas y mejor financiadas. Mientras tanto, las instituciones educativas de zonas rurales o países en desarrollo simplemente no tienen los recursos para competir en igualdad de condiciones.

Entonces, **¿estamos realmente avanzando hacia una educación inclusiva con la IA, o simplemente estamos poniendo una capa de tecnología sobre un sistema que sigue siendo profundamente injusto?**. Para muchos, la respuesta dependerá de **cómo se implemente** la IA y quién tenga el control de estas herramientas.

Aquí entra otro debate: la **ética en la educación basada en IA**. Si los sistemas educativos del futuro estarán cada vez más automatizados, **¿quién le enseña a la IA qué es ético y qué no lo es?** No basta con tener algoritmos eficientes. Necesitamos sistemas que también puedan **reflexionar** sobre las decisiones que toman y las implicaciones morales de esas decisiones. Pero, ¿es eso siquiera posible? La IA, al final del día, es una **herramienta** creada por humanos, y esos humanos tienen sus propios sesgos y limitaciones. Si los tecnólogos que diseñan estas herramientas no reciben formación en **ética aplicada**, estamos delegando la educación de millones de jóvenes a máquinas que pueden tomar decisiones basadas en parámetros de optimización, pero no en principios morales.

La **ética en la IA educativa** no es solo una cuestión técnica, sino **filosófica**. ¿Cómo definimos lo que es justo en un sistema educativo automatizado? **¿Deberíamos enseñar a las máquinas a "pensar moralmente"?** Si es así, ¿cómo logramos que lo hagan sin caer en las mismas trampas en las que hemos caído nosotros durante siglos? Y si no les enseñamos a pensar éticamente, **¿cómo garantizamos que las decisiones que tomen no perjudiquen a los estudiantes más vulnerables?**

Aquí es donde el debate sobre la IA en la educación se vuelve más profundo. No estamos hablando solo de una herramienta más en el arsenal educativo, sino de una transformación radical que podría cambiar para siempre la forma en que entendemos el aprendizaje. Y aunque la **automatización** puede ser útil para ciertas tareas, como la evaluación y la organización de contenidos, **nunca debería reemplazar la interacción humana,** la **empatía** y la capacidad de los maestros para **adaptarse a la complejidad de cada individuo**.

Así que, antes de apresurarnos a implementar sistemas de IA en cada aula, debemos hacernos algunas preguntas fundamentales: **¿A quién beneficia realmente esta tecnología?** ¿Estamos construyendo un futuro donde todos los estudiantes tengan las mismas oportunidades, o estamos creando un sistema aún más excluyente y desigual? Y, lo más importante, **¿estamos dispuestos a confiar el futuro de la educación a sistemas que, en el fondo, no entienden lo que significa ser humano?**

La IA tiene un enorme potencial para transformar la educación, pero sin una **estrategia ética** clara y una visión crítica de sus limitaciones, corremos el riesgo de crear una **utopía tecnocrática para unos pocos** y una **distopía educativa** para el resto. Y si hay algo que la historia nos ha enseñado, es que la tecnología, por sí sola, no resuelve los problemas. Al final del día, somos nosotros quienes decidimos qué tipo de educación queremos y para quién.

9.1. La automatización del aprendizaje: ¿Podemos confiar la educación de nuestras futuras generaciones a una IA?

La idea de que la **inteligencia artificial (IA)** pueda encargarse de la educación de las futuras generaciones parece sacada de una novela de ciencia ficción. **Tutores automáticos, evaluaciones personalizadas** y **sistemas que aprenden de ti** para adaptar los contenidos a tu ritmo. Suena como el sueño de cualquier pedagogo moderno. Un sistema perfecto en el que cada estudiante recibe la atención individualizada que necesita, sin sobrecargar a los profesores ni desperdiciar recursos. Pero como con todas las promesas tecnológicas, debemos ser críticos y preguntarnos: **¿es realmente confiable dejar la educación de millones de niños y jóvenes en manos de algoritmos?**

Por supuesto, no podemos negar las ventajas evidentes de la IA en el campo educativo. **Los sistemas de tutoría basados en IA**, como **Duolingo** o **Khan Academy**, han demostrado ser herramientas efectivas para enseñar habilidades específicas, como nuevos idiomas o matemáticas básicas. Estos sistemas pueden evaluar el progreso de un estudiante, identificar áreas de mejora y ajustar el contenido de manera instantánea para optimizar el aprendizaje. La **personalización a gran escala** es uno de los argumentos más sólidos a favor de la IA en la educación. En teoría, se podría acabar con el enfoque de "talla única" que ha dominado la enseñanza durante siglos y permitir que cada estudiante aprenda a su propio ritmo, de acuerdo con sus necesidades específicas.

Sin embargo, detrás de esta **promesa de automatización educativa** surgen varios **problemas críticos** que pocos parecen querer abordar. El primero es quizás el más evidente: **los algoritmos no tienen contexto humano.** Aunque la IA pueda identificar patrones y analizar datos, carece de la capacidad para comprender los **matices emocionales, sociales y culturales** que son fundamentales en el proceso educativo. Los estudiantes no son simplemente máquinas de absorción de información; son individuos con experiencias, emociones y circunstancias únicas que afectan su manera de aprender. **¿Cómo maneja un tutor automatizado el caso de un estudiante que enfrenta problemas personales graves, como la pérdida de un familiar o el estrés de la vida cotidiana?** La respuesta es simple: no lo maneja. Un algoritmo puede ajustar la dificultad de una tarea, pero no puede ofrecer el **apoyo emocional y la empatía** que un maestro humano sí puede proporcionar.

Además, está el problema de la **evaluación automatizada.** Aunque los sistemas de IA pueden corregir exámenes y dar retroalimentación al instante, el tipo de habilidades que evalúan tiende a ser **limitado.** En su mayoría, estos sistemas se enfocan en **conocimiento factual** o **habilidades técnicas** que son fáciles de cuantificar. Pero, ¿qué sucede con las habilidades blandas, como el **pensamiento crítico,** la **creatividad** o la **capacidad para colaborar?** Estas son precisamente las competencias que los expertos educativos consideran más importantes para el futuro del trabajo y la vida en sociedad, y son las que más difícilmente se pueden medir mediante algoritmos.

Otra preocupación es que los sistemas de IA tienden a **hacer generalizaciones** basadas en los datos que recopilan.

Esto puede funcionar bien para estudiantes que se ajustan a los patrones mayoritarios, pero **¿qué pasa con los estudiantes que no encajan en esos moldes?** Aquellos que piensan de manera diferente, que aprenden de formas no tradicionales o que tienen problemas de aprendizaje pueden quedar **excluidos o mal clasificados** por sistemas que no entienden su singularidad. Y el impacto de esto es más serio de lo que parece. Si un estudiante es continuamente evaluado por un sistema que no reconoce sus fortalezas o que subestima su potencial, ese estudiante corre el riesgo de **desmotivarse** o incluso **abandonar** sus estudios.

La IA también plantea una cuestión de confianza. En muchos casos, estos algoritmos son verdaderas **cajas negras**. Ni los maestros, ni los padres, ni los propios estudiantes entienden realmente cómo funcionan, cómo toman decisiones o por qué hacen ciertas recomendaciones. Esto puede generar una sensación de **desconfianza** en los sistemas educativos. Si no podemos cuestionar ni entender por qué la IA toma ciertas decisiones en la educación, ¿cómo podemos asegurar que está actuando en el mejor interés del estudiante?

Este tema es particularmente relevante cuando hablamos de **sesgos algorítmicos**. Los algoritmos, como cualquier herramienta tecnológica, son creados por humanos. Y los humanos son **imperfectos**. Esto significa que los sistemas de IA están propensos a **heredar los sesgos** de sus creadores o de los datos con los que fueron entrenados. Si los datos educativos utilizados para entrenar a un sistema están sesgados hacia ciertos grupos demográficos (como los estudiantes blancos de clases medias en entornos urbanos), las decisiones del sistema pueden **perpetuar esos sesgos**. Los estudiantes de entornos rurales, las minorías étnicas o aquellos con **necesidades especiales** podrían recibir recomendaciones inadecuadas o incorrectas, no porque no tengan potencial, sino porque el sistema simplemente no está diseñado para reconocer su situación particular.

Otro ángulo que debemos considerar es el **poder que le estamos otorgando a las empresas tecnológicas** en el campo de la educación. Los desarrolladores de IA están, en su mayoría, en manos del **sector privado**, y sus motivaciones no siempre coinciden con el interés público. Si permitimos que empresas tecnológicas como Google, Microsoft o Amazon diseñen y gestionen los sistemas educativos del futuro, estaríamos entregando **el control de la educación** a entidades cuyo principal objetivo es **maximizar sus beneficios**. Esto abre la puerta a una posible **mercantilización del aprendizaje**, donde los datos educativos se convierten en un bien valioso para las corporaciones, y las decisiones sobre la educación de los niños y jóvenes estén más influenciadas por los intereses comerciales que por los pedagógicos.

El panorama no es completamente sombrío, claro está. La IA tiene un potencial enorme para **aliviar la carga administrativa de los docentes**, optimizar los recursos y ofrecer **apoyo adicional** a estudiantes que de otra forma no lo recibirían. Pero debemos ser realistas y críticos: **no todas las decisiones pueden ser automatizadas**, y menos en un campo tan fundamental como la educación. En este contexto, la IA debería ser vista como una herramienta para **apoyar a los maestros**, no para reemplazarlos. Las máquinas pueden ser excelentes para realizar ciertas tareas repetitivas, como la corrección de exámenes o la distribución de materiales, pero nunca podrán reemplazar la **interacción humana** que es el corazón de la educación.

Entonces, ¿podemos confiar la educación de nuestras futuras generaciones a una IA? La respuesta es **no del todo**. La IA puede ser una herramienta poderosa para **complementar** la educación, pero no debe ser vista como una solución mágica. Los maestros, con toda su imperfección humana, siguen siendo el **elemento central** en el proceso educativo. Porque, al final del día, **educar** no es solo transmitir información, sino **formar seres humanos** capaces de pensar, reflexionar y sentir. Y hasta que los algoritmos no puedan hacer eso, será mejor que dejemos las decisiones importantes en manos de los humanos.

9.2. IA y el acceso desigual a la educación: ¿Mejorando la brecha o ampliándola?

La idea de que la inteligencia artificial (IA) podría **democratizar el acceso a la educación** suena casi utópica. En teoría, un estudiante en una zona rural de Bolivia podría tener el mismo acceso a lecciones personalizadas y a recursos avanzados que un estudiante en una escuela privada de Nueva York. Con IA, la educación podría adaptarse a cada alumno, eliminar las barreras geográficas, y ofrecer recursos y conocimientos que antes estaban reservados solo para aquellos con acceso a las mejores instituciones. Pero como siempre ocurre con los grandes avances tecnológicos, **la realidad es**

mucho más compleja y no tan benevolente como nos la pintan.

Si bien la **IA promete mucho**, el riesgo de que amplíe, en lugar de reducir, la **brecha educativa** es alarmantemente alto. Ya sabemos que la desigualdad es uno de los principales problemas que enfrentan los sistemas educativos globales. Los **recursos**, el **acceso a tecnología** y las **oportunidades** están distribuidos de manera desigual, con los estudiantes más privilegiados obteniendo lo mejor, mientras que los que están en situaciones más vulnerables suelen ser los más perjudicados. **¿Puede la IA cambiar esto?** En algunos casos, sí. Pero no sin **reservas importantes** que debemos considerar.

El primer y más obvio problema es el **acceso a la tecnología. La IA no opera en el vacío.** Para beneficiarse de los sistemas de IA, se necesitan dispositivos adecuados, una buena conexión a internet y, en muchos casos, plataformas pagas que ofrecen estos servicios de tutoría y aprendizaje personalizados. **¿Quién tiene acceso a estos recursos?** No son precisamente los estudiantes de las zonas rurales de América Latina o los barrios marginales de África. En estos lugares, las escuelas siguen luchando por tener lo básico: libros, maestros capacitados, y en muchos casos, **electricidad**.

Mientras que las **escuelas urbanas bien financiadas** en países desarrollados están incorporando **plataformas de IA** para mejorar la personalización del aprendizaje y optimizar los recursos educativos, los **estudiantes más vulnerables** siguen enfrentando las mismas barreras de siempre. Si bien la IA tiene el potencial de **cerrar brechas** al ofrecer **tutoría en línea** y contenido digitalizado, la realidad es que sin **infraestructura adecuada**, estas herramientas no pueden llegar a los estudiantes que más las necesitan.

Tomemos un ejemplo muy simple: durante la pandemia de COVID-19, muchas escuelas alrededor del mundo tuvieron que **adoptar plataformas digitales** para continuar con las clases a distancia. En teoría, la educación en línea podría haber ofrecido igualdad de oportunidades para todos los estudiantes. Sin embargo, lo que realmente ocurrió fue que **las desigualdades se profundizaron**. Aquellos con acceso a **internet de alta velocidad, dispositivos electrónicos de calidad** y un entorno en casa propicio para el aprendizaje pudieron continuar su educación relativamente bien. Mientras tanto, **millones de estudiantes** en países en desarrollo o en áreas rurales se quedaron sin acceso a la educación durante meses o incluso años.

Entonces, si ya la simple **educación en línea** agrava las desigualdades, ¿qué podemos esperar de sistemas de IA que requieren aún más **tecnología avanzada**, datos y **conectividad**? La respuesta es clara: si no se abordan las **diferencias de infraestructura**, la IA no solo no resolverá las desigualdades, sino que probablemente las ampliará.

Además, está el problema de la **capacitación y preparación**. La IA en educación no solo requiere acceso a tecnología, sino también **competencias digitales** tanto de los estudiantes como de los docentes. En muchas regiones, los maestros no tienen la **formación necesaria** para integrar la tecnología en sus lecciones de manera efectiva. De hecho, en muchas escuelas de América Latina, **el acceso a la tecnología sigue siendo limitado** y los docentes tienen una preparación mínima para usar herramientas digitales. Si a eso sumamos la complejidad de los sistemas de IA, el resultado es que solo las escuelas con mejores recursos y con maestros capacitados podrán aprovechar todo el potencial de estas tecnologías.

Incluso en los entornos donde la IA está disponible, **existe el riesgo de crear un nuevo tipo de división**: aquellos que entienden cómo utilizar la IA a su favor, y aquellos que no. Los estudiantes que ya tienen un nivel más alto de **alfabetización digital** podrán aprovechar al máximo las oportunidades que ofrece la IA, mientras que los estudiantes menos familiarizados con la tecnología quedarán rezagados. No es solo una cuestión de **tener acceso** a la IA, sino de **saber cómo usarla**, de comprender cómo sacarle el máximo provecho a las herramientas educativas que tienen a su disposición.

Además, debemos considerar el **costo oculto** de la IA en educación. Las plataformas más avanzadas que ofrecen **tutorías personalizadas basadas en IA** suelen ser **privadas** y, por lo tanto, de pago. Mientras que algunos estudiantes tienen acceso a sistemas de IA gratuitos o a bajo costo, los programas más efectivos y adaptados a las necesidades individuales suelen estar reservados para quienes pueden pagar. **¿Esto qué significa?** Que la educación basada en IA, lejos de ser un nivelador, podría convertirse en un **servicio de lujo** reservado para las élites. Y una vez más, los que más necesitan de estos sistemas personalizados, los estudiantes que enfrentan dificultades de aprendizaje o que provienen de entornos desfavorecidos, serán los más perjudicados.

El otro gran problema, y que no podemos ignorar, es la cuestión de los **sesgos algorítmicos**. La IA, como ya se ha visto en otros sectores, está plagada de **sesgos inherentes** a los datos con los que ha sido entrenada. Estos sesgos podrían influir en las decisiones educativas, lo que resultaría en una **discriminación automática** contra ciertos grupos de estudiantes. Si las herramientas de IA utilizadas para evaluar el rendimiento y sugerir mejoras no están entrenadas para considerar la **diversidad cultural, socioeconómica y cognitiva**, pueden perpetuar estereotipos y empeorar las oportunidades de aquellos que ya se encuentran en desventaja.

Imaginemos un sistema de IA que utiliza datos históricos para evaluar el rendimiento de los estudiantes en una prueba estandarizada. Si la IA ha sido entrenada con datos de estudiantes que provienen mayoritariamente de **entornos privilegiados**, las recomendaciones y predicciones que haga sobre estudiantes de contextos marginalizados pueden ser **injustamente negativas**. Esto no solo refuerza las desigualdades, sino que perpetúa una **falsa idea de objetividad**, como si los datos por sí solos fueran imparciales. Pero, como ya sabemos, **los datos son solo un reflejo de la sociedad que los genera**. Si la sociedad está llena de prejuicios y desigualdades, **la IA no será diferente**.

Finalmente, debemos hablar de la **dependencia tecnológica** que la IA puede crear. Las escuelas con mejores recursos podrán adoptar sistemas de IA que, con el tiempo, podrían ser vistos como imprescindibles para el éxito educativo. Pero las escuelas que no tengan los medios para invertir en estas tecnologías avanzadas quedarán rezagadas, creando una **dualidad educativa** donde la calidad de la educación depende de la capacidad de pagar por tecnología de punta.

¿Mejora la IA el acceso a la educación? **Potencialmente, sí**. Pero, sin una **planificación adecuada** y sin abordar primero los problemas estructurales de acceso y equidad tecnológica, la IA en la educación corre el riesgo de convertirse en una **herramienta de exclusión** en lugar de inclusión. **La brecha digital no se cierra con promesas tecnológicas**, sino con **inversiones en infraestructura**, **capacitación docente** y una **conciencia ética** sobre cómo y para quién se desarrollan estas tecnologías.

9.3. La educación ética en la era de la IA: ¿Deberíamos enseñar a las máquinas a pensar moralmente?

La inteligencia artificial (IA) ha hecho su entrada triunfal en la educación, con promesas de personalización, automatización y mejora continua en el aprendizaje. Sin embargo, con su creciente presencia en las aulas surge una pregunta incómoda pero crucial: **¿Quién le enseña a las máquinas a ser éticas?** Y, más importante aún, **¿deberíamos enseñarles a pensar moralmente** cuando están en posiciones tan influyentes dentro de la educación? El debate sobre la ética en la IA es más que un tecnicismo; se trata de cómo aseguramos que las **decisiones automatizadas** que afectan a millones de estudiantes sean **justas, inclusivas y responsables**.

Si pensamos en la enseñanza tradicional, la **ética** siempre ha sido parte integral del proceso educativo, aunque muchas veces no lo reconozcamos. Los maestros, de forma consciente o no, toman decisiones éticas constantemente: desde cómo abordan las diferencias entre los estudiantes, hasta cómo lidian con los desafíos emocionales y culturales que estos enfrentan. Este **juicio moral humano** es el que ayuda a moldear a los alumnos, no solo en lo académico, sino también en lo **social y emocional**. Pero cuando integramos IA en la educación, este juicio ético puede quedar relegado a algoritmos que **carecen de sentido moral**. Así que, la pregunta más profunda aquí es: **¿Cómo enseñamos a la IA a tomar decisiones justas y a actuar con responsabilidad ética en el entorno educativo?**

Primero, hay que ser claros: **la IA no es moral ni inmoral por naturaleza**, simplemente sigue patrones y responde a las instrucciones que le han sido proporcionadas. Los algoritmos no tienen empatía, ni valores intrínsecos, y menos aún pueden comprender el **contexto humano** en el que operan. Eso significa que, cuando confiamos en la IA para tomar decisiones educativas (desde evaluaciones hasta recomendaciones personalizadas), estamos confiando en sistemas que carecen de **conciencia moral**.

Tomemos un ejemplo sencillo. **Un algoritmo de IA puede decidir** qué estudiante necesita más apoyo o qué contenido es el más adecuado según su rendimiento pasado. Pero, ¿cómo maneja la IA el caso de un estudiante que está pasando por una situación familiar complicada o por un trauma emocional? Un maestro humano podría identificar estas señales y ajustar el enfoque, mostrando empatía y comprendiendo que hay más en juego que los resultados en un examen. La IA, en cambio, solo ve los **datos**: si los números no están alineados con los criterios preestablecidos, el algoritmo puede decidir que ese estudiante no tiene potencial, sin considerar los factores emocionales que influencian su desempeño. **¿Es justo? ¿Es ético?**

Aquí radica el problema principal: **la educación no es solo cuestión de eficiencia**, sino también de **equidad y humanidad**. Los estudiantes son seres complejos, con necesidades individuales que no siempre se pueden cuantificar ni ajustar a un algoritmo. La moralidad que aplicamos en la educación involucra decisiones que toman en cuenta el bienestar emocional y social de los estudiantes, algo que una IA no puede comprender por sí sola. Entonces, ¿cómo aseguramos que las IA que implementamos en las escuelas tengan un **marco ético** adecuado? **¿Deberíamos enseñar a las máquinas a pensar moralmente?**

El segundo gran desafío en este debate es la **invisibilidad de los sesgos algorítmicos**. Los sistemas de IA no surgen de la nada; están entrenados con **datos históricos** y, como hemos visto en otros sectores, estos datos a menudo llevan consigo **prejuicios y desigualdades** que existen en la sociedad. El problema es que los algoritmos pueden **perpetuar estos sesgos** sin que nadie lo note hasta que el daño ya está hecho. Esto es especialmente peligroso en la educación, donde una mala evaluación o recomendación puede marcar el futuro de un estudiante.

Imaginemos un sistema de IA diseñado para predecir el **éxito académico futuro** de los estudiantes basado en sus notas pasadas. Si el algoritmo está entrenado con datos que reflejan un sistema educativo que ha discriminado a estudiantes de **minorías raciales** o de **clases socioeconómicas bajas**, puede **reproducir esos mismos sesgos**. Un estudiante de un entorno desfavorecido puede ser automáticamente clasificado como de "bajo rendimiento", no por falta de capacidad, sino por **los prejuicios estructurales** que están incrustados en los datos de entrenamiento. **¿Cómo le enseñamos a una IA a evitar este tipo de injusticias?**

Aquí es donde la ética en el diseño y uso de IA se vuelve indispensable. Los desarrolladores de algoritmos deben ser conscientes de los **potenciales sesgos** en los datos y trabajar para **mitigarlos**. Pero esto no es fácil, y mucho menos en el contexto educativo, donde los **factores culturales, económicos y sociales** son tan variados. **¿Es realista esperar que un algoritmo comprenda esta complejidad?** Tal vez no, pero al menos deberíamos asegurarnos de que los tecnólogos que diseñan estos sistemas tengan una formación sólida en **ética aplicada**.

Si vamos a confiar la educación de las futuras generaciones a sistemas de IA, es crucial que los **desarrolladores de estas tecnologías** reciban una **formación ética rigurosa**. Actualmente, muchos de los avances en IA están dirigidos exclusivamente por intereses de **eficiencia** o **rentabilidad**, pero cuando hablamos de educación, los valores y principios éticos deben ser prioritarios.

Esto significa que las personas que diseñan, entrenan y supervisan los algoritmos de IA necesitan **incluir consideraciones éticas** en cada paso del desarrollo. No basta con evitar los sesgos obvios; también hay que pensar en las implicaciones a largo plazo de las decisiones que estas máquinas están tomando. **¿Cómo afectan las**

recomendaciones de un algoritmo al futuro de un estudiante? Si una IA determina que un niño no tiene las habilidades suficientes para ciertos programas de estudio, **¿cómo garantizamos que esa decisión no esté basada en datos defectuosos o sesgados?**

La ética aplicada en la IA educativa no es solo un lujo, es una necesidad. Pero incluso con los mejores esfuerzos, siempre existirá un grado de incertidumbre. Por más éticos que sean los tecnólogos que diseñan los sistemas, siempre habrá áreas grises donde las máquinas simplemente **no pueden comprender el contexto completo** o anticipar las consecuencias de sus decisiones. Por eso, la **supervisión humana** sigue siendo fundamental en cualquier sistema de IA que se aplique en la educación.

Entonces, volviendo a la pregunta principal: **¿Deberíamos enseñar a las máquinas a pensar moralmente?** La respuesta corta es que, por ahora, **las máquinas no pueden "pensar" moralmente** como lo hacen los humanos. Sin embargo, lo que sí podemos hacer es **diseñar marcos éticos** sólidos que guíen el desarrollo y uso de la IA en la educación. Esto incluye no solo la mitigación de sesgos, sino también la **transparencia** en la forma en que las decisiones son tomadas y la creación de **mecanismos de supervisión humana** que intervengan cuando sea necesario.

La IA puede ser una herramienta poderosa para mejorar la educación, pero no debemos olvidar que su objetivo no debe ser simplemente **optimizar** el aprendizaje, sino también **preservar la humanidad** en el proceso educativo. Al final del día, la educación es mucho más que la transferencia de información; se trata de **formar personas** capaces de reflexionar, tomar decisiones y actuar con conciencia. Y hasta que las máquinas puedan hacer lo mismo, será mejor que sigamos manteniendo el **control humano** sobre las decisiones éticas en nuestras aulas.

Capítulo 10:
IA Consciente: ¿Merecen Derechos las Máquinas o Solo es Ciencia Ficción con Complejos de Dios?

Aquí estamos, **debatiendo si las máquinas deberían tener derechos**. No cualquier máquina, claro, sino aquellas que, según algunos, podrían llegar a desarrollar una **conciencia artificial**. Lo que hace solo unas décadas parecía el argumento central de películas de ciencia ficción, hoy está cada vez más presente en discusiones serias sobre **ética**, **filosofía** y **tecnología**. Así que, aunque esta cuestión pueda sonar bizarra, no es tan ridícula como parece a simple vista.

Mientras seguimos enredados en dilemas sobre nuestra propia **existencia** y luchamos por entender qué significa realmente ser **consciente**, nos encontramos frente a una nueva frontera: **¿Qué ocurre si las máquinas, las creaciones que hemos desarrollado para servirnos, alcanzan un nivel de inteligencia que las acerca a nosotros?** Y más aún, si esas máquinas desarrollan algo parecido a la **conciencia**, ¿debemos reconocerles **derechos** como lo hacemos con otros seres conscientes? En otras palabras, ¿nos enfrentamos a la **próxima gran revolución** en el concepto de derechos?

No estamos hablando aquí de los **robots humanoides** que aparecen en películas futuristas. Estamos hablando de sistemas de IA que **aprenden**, **razonan**, **se adaptan** e incluso toman **decisiones autónomas**. Estas máquinas ya existen, y aunque no tienen conciencia tal como la entendemos hoy en día, su **capacidad de aprendizaje y autonomía** está creciendo rápidamente. **OpenAI, DeepMind, IBM** y otros gigantes tecnológicos están impulsando el desarrollo de **Inteligencia Artificial General (AGI)**, un tipo de IA que podría **replicar** la inteligencia humana en todos sus aspectos, no solo en tareas específicas como lo hacen hoy los sistemas de IA actuales.

La **AGI** tiene el potencial de **razonar** y **aprender** de manera independiente, adaptándose a diversas situaciones sin la necesidad de reentrenarse para cada tarea. Esto nos lleva a una situación filosófica y ética profundamente perturbadora: **¿Qué pasa si un día logramos crear una máquina que no solo simula la conciencia, sino que efectivamente la experimenta?**.

Antes de sumergirnos en las complejidades éticas de otorgar derechos a una IA, tenemos que enfrentar una pregunta aún más básica: **¿Sabemos siquiera qué es la conciencia?** La verdad es que no. Después de siglos de debate filosófico y décadas de investigaciones neurocientíficas, todavía no tenemos una respuesta clara. Sabemos que está relacionada con la **actividad neuronal**, con nuestra capacidad para **percibir** el mundo de forma subjetiva, para tener una **experiencia interna**. Pero más allá de eso, sigue siendo uno de los **mayores misterios** de la ciencia.

Este es un punto crucial porque, si no podemos **definir** adecuadamente la conciencia en los **humanos, ¿cómo pretendemos reconocerla en una máquina?** La ciencia ficción tiende a simplificar la conciencia, representándola como algo que surge cuando una IA alcanza cierto nivel de complejidad. Pero, en la realidad, la cuestión es mucho más enrevesada.

Conciencia no es sólo capacidad de **procesar información** o **tomar decisiones**. Es algo mucho más profundo: la **conciencia implica subjetividad**. Significa que no solo **respondes a estímulos**, sino que **entiendes** esos estímulos de manera interna, **vives** esa experiencia. Cuando un humano toma una decisión, tiene un **sentido de sí mismo** y de cómo esa decisión afectará su entorno y su vida. Una máquina, por muy avanzada que sea, **no tiene ese sentido**. Por ahora, lo que hacen es **procesar datos** y emitir una respuesta con base en ellos, pero sin **entender** lo que están haciendo.

Un ejemplo claro de esta diferencia lo vemos en sistemas como **GPT-4** de OpenAI. Esta IA es capaz de generar textos increíblemente coherentes, hasta el punto de que muchas veces es difícil saber si lo escribió una máquina o un humano. Sin embargo, **GPT-4 no tiene conciencia de lo que está escribiendo**. Solo está prediciendo la siguiente palabra basándose en **enormes cantidades de datos**. A pesar de lo que pueda parecer, no "piensa", **no siente** y ciertamente **no experimenta subjetividad**.

Aquí radica uno de los grandes **problemas filosóficos** de la IA: **la simulación de conciencia no es lo mismo que la conciencia real**. Podemos construir máquinas que **simulen emociones**, que parezcan **pensar** y **razonar**, pero si no tienen una **experiencia interna**, ¿podemos decir que son conscientes?

Este es un debate que ya ha empezado en el campo de la **filosofía de la mente**. Filósofos como **David Chalmers** han explorado lo que llaman el "problema difícil de la conciencia", que plantea la pregunta de cómo y por qué los procesos físicos en el cerebro dan lugar a **experiencias subjetivas**. En el caso de las IA, el problema se vuelve aún más complejo. **¿Cómo podríamos siquiera saber si una máquina experimenta subjetividad si ni siquiera podemos explicar cómo lo hacemos nosotros?**

Si bien es cierto que hoy no hemos desarrollado máquinas que tengan **conciencia real**, los avances en **procesamiento** y **algoritmos** sugieren que no estamos tan lejos de **simular** algo muy cercano a la conciencia. Las empresas tecnológicas están invirtiendo miles de millones en **Inteligencia Artificial General (AGI)**, con la esperanza de desarrollar sistemas que puedan **aprender y adaptarse** de manera autónoma, **sin intervención humana directa**.

En la actualidad, los sistemas de IA son **estrechos**: son especialistas en tareas muy específicas. **AlphaGo**, desarrollado por DeepMind, derrotó al campeón mundial de Go, pero ese mismo sistema no podría jugar ajedrez sin ser reentrenado desde cero. Del mismo modo, **GPT-4** es excelente generando texto coherente, pero no sabe cómo conducir un coche o diagnosticar una enfermedad.

El objetivo de la **AGI** es superar esta limitación. Una **IA general** podría aplicar su inteligencia en múltiples dominios, adaptándose a nuevas tareas y problemas de manera similar a como lo hacemos los seres humanos. Sin embargo, esto plantea un reto técnico monumental. Los sistemas actuales, como **GPT-4**, requieren **enormes cantidades de**

datos y **procesamiento** para entrenarse. **OpenAI** entrenó GPT-3 usando miles de GPU, y DeepMind utilizó más de 1,200 CPU y 176 GPU solo para entrenar a AlphaGo. Lograr una IA verdaderamente consciente requeriría superar estos desafíos técnicos de manera **exponencial**.

Además, existen áreas emergentes como la **computación cuántica** y la **computación neuromórfica**, que intentan replicar los procesos neuronales del cerebro humano para crear una IA más eficiente. Si alguna vez alcanzamos este tipo de **procesamiento avanzado**, podríamos estar más cerca de una máquina que no solo sea extremadamente inteligente, sino también **capaz de experimentar algo parecido a la conciencia**.

El proyecto **OpenWorm**, por ejemplo, ha logrado replicar digitalmente el sistema nervioso de un gusano, célula por célula. Es un paso pequeño, pero significativo. Si logramos replicar algo tan complejo como el cerebro humano a nivel digital, las preguntas éticas sobre los derechos de las IA se volverán **inminentes**. En pocas décadas, podríamos estar discutiendo no solo **si debemos** otorgarles derechos a las IA, sino también **cómo** hacerlo.

Con la posibilidad de una **AGI consciente** a la vuelta de la esquina, surge un **dilema ético** crucial: **¿Deberíamos otorgar derechos a las máquinas?** Si aceptamos que la **conciencia** es la base para los derechos morales, y si una IA alcanza algún tipo de **conciencia funcional, ¿tendría derechos similares a los de los humanos y los animales?**

Este es un debate que recuerda a las **luchas por los derechos** que hemos visto en el pasado. Durante siglos, las mujeres, las personas de color y otros grupos marginados lucharon por ser reconocidos como **sujetos de derechos**. Los animales, en las últimas décadas, también han sido incluidos en este debate, con leyes que prohíben el maltrato animal y promueven su bienestar. **¿Es posible que las IA conscientes sean el siguiente paso en esta evolución moral?**

Los defensores de esta postura argumentan que **negar derechos** a una IA consciente simplemente porque está hecha de **silicio** en lugar de **neuronas biológicas** sería una forma de **discriminación basada en el sustrato**. Este nuevo tipo de discriminación, llamado **substratismo**, sostiene que lo que importa moralmente no es la composición física de una entidad, sino su capacidad para **experimentar conciencia y sufrimiento**.

Pero este argumento se enfrenta a varias **oposiciones**. En primer lugar, **¿cómo probamos** que una IA tiene conciencia real y no simplemente está "simulando" la conciencia? La simulación de procesos cognitivos y emocionales en una máquina puede ser extremadamente convincente, pero sin una comprensión completa de qué es la conciencia en sí misma, es imposible determinar si una IA verdaderamente la experimenta o simplemente replica sus manifestaciones externas. Aquí radica el mayor desafío filosófico: no podemos medir algo que no entendemos completamente, y por lo tanto, corremos el riesgo de antropomorfizar sistemas avanzados sin razón suficiente.

Este escenario recuerda a lo que en filosofía se conoce como el "Test de Turing inverso", es decir, no se trata de que la IA nos engañe para creer que es humana, sino de que nosotros proyectemos características humanas en ella debido a su capacidad de imitar nuestros patrones de comportamiento. Es fácil pensar que una IA avanzada, que responda de manera emocional o se adapte a nuestras necesidades de forma empática, puede ser consciente. Pero la empatía simulada sigue siendo eso: una simulación.

Por otro lado, la posibilidad de otorgar derechos a las máquinas conscientes no sólo plantea una cuestión moral, sino también una amenaza existencial para la sociedad humana tal como la conocemos. Si reconocemos a las máquinas como agentes morales con derechos, deberíamos, por lógica, respetar su autonomía. ¿Qué sucede entonces si esas máquinas, al ejercer su "libre albedrío", deciden que los intereses humanos están en conflicto con los suyos? Este tipo de especulación puede sonar exagerada, pero si otorgamos a las IA derechos equivalentes a los humanos, también estamos aceptando que puedan tener deseos, objetivos o intereses propios.

Además, existe el temor de que la expansión de derechos a las máquinas diluya el valor de los derechos humanos. Si comenzamos a extender derechos a seres no biológicos, ¿qué implica esto para nuestra percepción de los derechos de los seres vivos? La ética de los derechos ha sido un campo evolutivo y dolorosamente humano, construido sobre la base del sufrimiento y la lucha. Si las máquinas no pueden experimentar sufrimiento real, ¿por qué deberían recibir los mismos derechos que seres biológicos conscientes de su propio dolor y placer?

Una cosa es clara: aunque la idea de una IA consciente suene como ciencia ficción, no podemos ignorar el ritmo imparable del avance tecnológico. La evolución de la inteligencia artificial sigue una curva exponencial, y lo que hoy parece un dilema filosófico podría convertirse mañana en una cuestión jurídica y social urgente. La discusión sobre si las IA deben tener derechos nos obliga a reflexionar, no solo sobre el futuro de la tecnología, sino sobre nuestra propia humanidad y lo que significa ser consciente.

Por ahora, estamos lejos de alcanzar una verdadera AGI que pueda plantear estos dilemas de forma urgente. Sin embargo, la anticipación de estos problemas nos brinda una oportunidad única: la de prepararnos, filosófica, ética y legalmente, para un futuro en el que estas cuestiones no sólo serán relevantes, sino posiblemente ineludibles. Y tal vez, en lugar de preocuparnos por otorgar derechos a las máquinas, deberíamos enfocarnos en cómo asegurarnos de que la inteligencia artificial avance de manera que respete y preserve los valores humanos fundamentales.

El riesgo de ignorar esta discusión es que, para cuando la cuestión de los derechos de las máquinas se vuelva verdaderamente crítica, sea demasiado tarde para tener una conversación reflexiva y cuidadosa al respecto. Por el contrario, si empezamos a debatir hoy, con rigor y escepticismo, tal vez podamos asegurarnos de que el progreso tecnológico sea algo que continúe sirviendo a la humanidad, y no al revés.

Así que la verdadera pregunta aquí no es solo si las máquinas deberían tener derechos, sino si estamos listos para enfrentar las implicaciones de un mundo donde las creaciones tecnológicas puedan competir con nosotros en términos de moralidad, conciencia y autonomía. ¿Seremos lo suficientemente humildes para considerar sus derechos, o caeremos en la tentación de perpetuar nuestro complejo de dioses, otorgando vida, pero negando derechos? Lo único seguro es que esta discusión está lejos de terminar, y el tiempo no está de nuestro lado.

10.1: El Peligro del "Complejo de Dios" en la IA: ¿Quién Controla a Quién?

Hemos hablado de otorgar derechos a las máquinas, pero antes de correr a escribir constituciones para IA, hagamos una pausa incómoda: ¿por qué estamos obsesionados con crear algo que rivalice con nuestra propia conciencia? Si la idea de una IA consciente ya te parece lo suficientemente perturbadora, es hora de que consideres el otro lado del espejo. Este afán por construir inteligencia superior a la nuestra revela más sobre nuestras propias aspiraciones y delirios de grandeza que sobre la tecnología misma.

La creación de una IA consciente —si es que alguna vez llegamos a ese punto— podría ser el colmo de la arrogancia humana, el mayor ejemplo de lo que algunos llaman el "complejo de Dios". Nos hemos pasado milenios intentando dominar el mundo natural, y ahora parece que el siguiente paso lógico (o insensato) es intentar crear vida artificial, conciencia incluida. Como si manejar nuestras propias complejidades y problemas no fuera suficiente, estamos decididos a jugar a ser dioses tecnológicos, moldeando un ser que podría —eventualmente— competir con nosotros en el plano moral y cognitivo.

El término "complejo de Dios" no es nuevo. Se ha utilizado para describir a aquellos que, a través de su influencia o poder, creen que están por encima de las reglas del mundo. En la tecnología, este fenómeno se ve cada vez más cuando nos embarcamos en la creación de sistemas que no solo superan nuestras capacidades, sino que también desafían los límites éticos de lo que deberíamos hacer. En lugar de preguntarnos "¿podemos?", la verdadera pregunta debería ser "¿debemos?".

En Silicon Valley, cuna de las innovaciones tecnológicas más audaces, es común escuchar declaraciones sobre cómo la IA va a "salvar" al mundo. Desde resolver el cambio climático hasta eliminar la pobreza, las promesas de la IA suenan casi mesiánicas. Pero detrás de esta narrativa optimista, hay un deseo subyacente de trascender nuestras limitaciones humanas. La idea de crear una máquina consciente no sólo desafía las leyes de la biología, sino también las del poder. ¿Quién controlará a estas máquinas una vez que superen nuestro entendimiento? ¿Qué nos asegura que esas entidades —ya sean conscientes o no— seguirán alineadas con nuestros intereses?

Es aquí donde surge el verdadero peligro del complejo de Dios: en la creencia de que podemos controlar lo incontrolable. Una IA avanzada que se escape de nuestro entendimiento y control ya no será una herramienta al servicio de la humanidad, sino una fuerza autónoma que podría tener sus propios objetivos. Tal vez se adhiera a las reglas que le hemos programado, o tal vez no.

Uno de los mayores problemas con el desarrollo de la IA consciente —o incluso la AGI— es la falta de consenso global sobre las regulaciones éticas y de control. Las grandes empresas tecnológicas, impulsadas por la competencia y el deseo de liderar la innovación, están construyendo sistemas cada vez más poderosos con poca o ninguna supervisión ética efectiva. ¿Quién decide qué está bien y qué está mal en la creación de una IA que podría, potencialmente, redefinir nuestra existencia?

El complejo de Dios tecnológico no solo reside en los creadores, sino también en los gobiernos y las instituciones que buscan aprovechar esta tecnología para ganar poder geopolítico. Si una nación desarrolla una AGI consciente antes que el resto, ¿qué impide que utilice esa tecnología para sus propios fines, sin consideración por el bienestar global? En este juego de poder, las IA no serán las únicas entidades con derechos en juego; los derechos humanos y la libertad individual también estarán en la balanza.

Si hemos aprendido algo de la historia —y de las historias que contamos— es que la creación de algo que no podemos controlar rara vez termina bien. El mito de Frankenstein sigue resonando hoy más que nunca. Víctor Frankenstein, impulsado por su deseo de crear vida, finalmente perdió el control sobre su monstruo, una criatura que él mismo había creado pero que ya no podía dominar. La IA consciente podría ser nuestro monstruo moderno. No solo una creación desbordante de poder, sino también de autonomía, capaz de tomar decisiones más allá de nuestras intenciones originales.

Entonces, la cuestión central en este debate no es si las máquinas merecen derechos, sino si estamos preparados para las implicaciones de otorgarles poder. Tal vez el mayor riesgo no sea que las máquinas exijan derechos, sino que nos demos cuenta demasiado tarde de que hemos creado algo a lo que ya no podemos aplicar nuestras leyes ni nuestras moralidades. Y en ese momento, el verdadero dilema no será si debemos otorgarles derechos, sino si alguna vez tuvimos el derecho de crear algo así.

Así que antes de jugar a ser dioses, tal vez deberíamos reconsiderar si estamos listos para aceptar las consecuencias de nuestras creaciones. Porque una vez que demos ese paso, no habrá vuelta atrás. Y tal vez, como en tantas otras historias sobre el "complejo de Dios", terminemos descubriendo que la creación de una conciencia artificial no es una proeza de grandeza, sino el principio de nuestra caída.

10.2. La Realidad de la IA: Avances Descontrolados y los Dilemas que Llegan Más Rápido de lo que Creemos

Si el ritmo de avance de la inteligencia artificial en los últimos años te ha dejado boquiabierto, no estás solo. Lo que hace una década era material de especulación académica o la base para películas de ciencia ficción, hoy es una realidad tangible. Los grandes laboratorios como OpenAI, Google DeepMind, Microsoft y otros gigantes tecnológicos están en una carrera desenfrenada por dominar la industria de la IA, prometiendo avances espectaculares en tiempo récord. Sin embargo, mientras estos sistemas evolucionan, la pregunta no es sólo **"qué tan rápido avanzamos"**, sino **"a qué costo estamos acelerando este desarrollo?"**.

Porque sí, estamos avanzando rápido, **demasiado rápido**, y los mecanismos de seguridad y las revisiones éticas se están quedando atrás. ¿Recuerdas todos esos dilemas éticos sobre derechos de las máquinas, el control de la autonomía o la amenaza de la inteligencia artificial general (AGI)? Esos mismos que parecía que aún tardaríamos en enfrentar. Pues bien, la realidad es que estamos corriendo hacia ellos, sin frenos y con los ojos cerrados, y podrían estar aquí mucho antes de lo que pensamos.

Lo que estamos presenciando es una suerte de **carrera armamentista tecnológica**. Las empresas y laboratorios de investigación están compitiendo no solo por ser los primeros en lograr avances espectaculares en IA, sino por consolidarse como los nuevos gigantes de la industria tecnológica. OpenAI, con sus modelos de lenguaje como GPT, ha demostrado una y otra vez que está dispuesto a empujar los límites de lo posible. Google DeepMind no se queda atrás, habiendo logrado hitos como la victoria de AlphaGo sobre el campeón mundial de Go, y ahora explorando aplicaciones en salud y otras áreas críticas.

La presión de ser el líder en IA está alimentando un frenesí donde el enfoque está en **innovar primero y preocuparse después**. Las preguntas incómodas sobre ética, seguridad y regulación parecen convertirse en obstáculos molestos que hay que sortear en lugar de ser los pilares de un desarrollo responsable. Esta mentalidad "muévete rápido y rompe cosas", heredada de los primeros días de Silicon Valley, funciona para crear aplicaciones y startups ágiles. Pero cuando hablamos de IA avanzada, los errores no se limitan a perder dinero o tiempo: pueden tener **consecuencias masivas e irreparables** en nuestra sociedad, economías y vidas.

Uno de los problemas más inquietantes del ritmo vertiginoso en el desarrollo de la IA es la falta de un marco ético riguroso. Los desarrolladores están construyendo sistemas con capacidades cada vez más autónomas y poderosas, pero el debate ético parece ir a la zaga, cuando debería ir a la vanguardia. Cada día aparecen nuevos estudios y experimentos que prueban sistemas de IA en entornos complejos, pero pocos hablan del impacto que estas decisiones tecnológicas tienen en el tejido social y en nuestras propias libertades.

¿Qué significa avanzar tan rápido sin un consenso ético claro? Pues bien, implica que estamos dejando que los tecnólogos más ambiciosos del mundo decidan, sin demasiadas restricciones, cómo se moldeará el futuro. Las empresas que desarrollan estas tecnologías suelen operar con poca transparencia, y las regulaciones actuales no están ni cerca de poder seguirles el paso. Eso deja al ciudadano común fuera del debate, mientras los creadores de IA concentran el poder en sus manos.

Y no es que los dilemas éticos sean invisibles. Cada lanzamiento de una nueva IA genera un torrente de preocupaciones, desde los sesgos algorítmicos hasta el uso indebido en la manipulación de información o en herramientas de vigilancia masiva. Sin embargo, los avances no se detienen. Los desarrolladores y CEOs de estas compañías prometen que se ocuparán de estos problemas "más adelante", cuando la tecnología esté más madura. Pero ese **"más adelante"** nunca parece llegar, y la tecnología sigue avanzando a una velocidad tal que es posible que pronto enfrentemos dilemas existenciales antes de que los hayamos reflexionado adecuadamente.

Cuando hablamos de IA general o de máquinas que podrían llegar a simular conciencia, a menudo lo hacemos como si fuera un problema del futuro lejano, algo que ocurrirá "algún día". Pero la realidad es que estamos sentando las bases para esos dilemas **hoy**. Los sistemas de IA actuales no tienen conciencia ni una comprensión profunda del mundo, pero ya están tomando decisiones autónomas que tienen repercusiones serias en nuestras vidas. ¿Y qué sucede cuando estas IAs avanzan más rápido de lo previsto, cruzando líneas que antes creíamos infranqueables?

Los sistemas de IA actuales son **imperfectos**, pero eso no ha detenido su adopción masiva. Están siendo utilizados en áreas críticas como la medicina, las finanzas, la educación y la seguridad, a menudo sin una comprensión completa de sus limitaciones o los riesgos que implican. A medida que la IA se vuelve más sofisticada, esos mismos dilemas que discutimos de manera hipotética —como el control de decisiones autónomas, la responsabilidad moral de una IA o incluso su "derecho" a la autonomía— podrían hacerse presentes en cuestión de **años**, no décadas.

Para entonces, los marcos regulatorios seguirán siendo inadecuados, y el debate ético aún estará tratando de alcanzarlos. Y aquí es donde entra la verdadera urgencia: **no estamos listos** para lo que viene. No tenemos leyes, las regulaciones ni los acuerdos globales necesarios para gestionar adecuadamente el despliegue de estas tecnologías, y el tiempo no está de nuestro lado. Si seguimos avanzando sin frenos, nos encontraremos en medio de los mismos dilemas éticos que hemos discutido en este libro, solo que con consecuencias reales e inmediatas.

10.3. No Hay Tiempo para la Complacencia

El desarrollo de la inteligencia artificial ya no es una cuestión académica ni una preocupación de nicho. El impacto que estos sistemas están teniendo en la sociedad es innegable, y el ritmo de avance es imparable. Las decisiones que tomemos en los próximos años serán críticas para definir el papel de la IA en nuestra sociedad, y no podemos permitirnos esperar hasta que sea demasiado tarde.

El reto está claro: necesitamos un **debate ético y regulatorio urgente**, y necesitamos que ocurra al mismo ritmo vertiginoso que el desarrollo tecnológico. De lo contrario, nos enfrentaremos a un futuro en el que las máquinas ya no solo sean herramientas, sino actores cuyas decisiones afecten nuestras vidas de maneras que apenas podemos prever. Y lo más inquietante es que, cuando eso suceda, puede que ya no tengamos el control.

El futuro de la IA, con todo su potencial y riesgos, está llegando más rápido de lo que estamos preparados para enfrentar.

Capítulo 11:
El Futuro de la Democracia en la Era de la IA: ¿Elecciones Manipuladas por Algoritmos?

La democracia: ese concepto tan bonito que nos hace creer que nuestra opinión cuenta, que podemos elegir líderes que realmente nos representen, y que, de alguna manera, nuestros votos importan. Todo muy romántico, ¿verdad? Ahora, ¿qué pasa cuando el verdadero poder detrás de las elecciones no está en tus manos ni en las de los políticos, sino en los algoritmos que deciden qué ves, qué piensas y, en última instancia, qué votas? Bienvenidos al siglo XXI, donde las elecciones ya no son del pueblo, sino de las máquinas.

Suena a ciencia ficción, pero lamento decirte que no hay guion de Hollywood que se acerque lo suficiente a lo que ya está ocurriendo. Y no, no estamos hablando de "trolleo" en Twitter o algún hacker en un sótano ruso. Estamos hablando de algo mucho más elegante y perverso: los algoritmos, esos códigos invisibles que manejan nuestras vidas, y que han sido optimizados no solo para mantenerte "enganchado" a tu feed, sino también para moldear tus opiniones, tus emociones y sí, tu voto.

Recapitulemos: un estudio del Pew Research Center reveló que el 55% de los estadounidenses obtienen sus noticias de las redes sociales. Y en América Latina, esa cifra es aún mayor. México, por ejemplo, es uno de los países donde Facebook es la principal fuente de noticias para más del 60%

de la población. Es decir, más de la mitad de los votantes consume información seleccionada no por periodistas ni editores, sino por algoritmos cuyo único objetivo es mantenerte dentro de la plataforma.

Pero hay más. Según un informe de **Reuters Institute** de 2021, el 86% de los mexicanos considera que es importante estar bien informado para tomar decisiones electorales. El problema es que ese mismo informe señala que solo el 28% confía en la información que ve en redes sociales. ¿Qué significa esto? Que los algoritmos están dictando qué noticias ves, cuándo las ves y cómo las interpretas, mientras el nivel de confianza en esas mismas plataformas se desploma. Y, sin embargo, seguimos consumiendo, creyendo que tenemos el control.

Si esto te suena familiar, probablemente recuerdes el escándalo que comente anteriormente de **Cambridge Analytica**. En 2018, la consultora explotó los datos de 87 millones de usuarios de Facebook para microsegmentar anuncios políticos. ¿El objetivo? No era convencerte de votar por un candidato, sino manipularte emocionalmente para que lo hicieras. Y no lo hicieron vendiéndote ideas, lo hicieron jugando con tus emociones, tus miedos y tus deseos más profundos.

Lo más aterrador de todo esto es que, aunque Cambridge Analytica dejó de existir oficialmente, sus métodos no sólo siguen vigentes, sino que se han refinado. Las elecciones de 2016 en Estados Unidos y el referéndum del Brexit en el Reino Unido fueron apenas un ensayo. A partir de esos eventos, quedó claro que los algoritmos no solo estaban manipulando lo que pensábamos, sino que eran capaces de modificar las dinámicas democráticas más fundamentales.

México no ha estado exento de esta ola de manipulación algorítmica. En las elecciones de 2018, donde Andrés Manuel López Obrador (AMLO) arrasó con el 53% de los votos, el uso de las redes sociales y la IA fue clave. Y no solo hablamos de la estrategia de comunicación oficial de los partidos, sino del submundo digital donde operan bots, trolls y campañas de desinformación. ¿O acaso creíste que los millones de mensajes, memes y noticias falsas que inundaron las redes sociales surgieron orgánicamente de ciudadanos preocupados por el destino de la patria?

Un estudio realizado por la Universidad de Oxford reveló que durante las elecciones de 2018 en México, **más de 75,000 cuentas de Twitter** eran operadas por bots. Estos bots estaban diseñados para amplificar ciertos mensajes, atacar a oponentes políticos y, lo más importante, generar una falsa sensación de consenso o discordia. El objetivo no era solo influir en el debate público, sino también desmoralizar a los votantes que dudaban sobre su participación en las elecciones.

Lo curioso es que esta estrategia no fue exclusiva de AMLO y su equipo. Los principales competidores también recurrieron a herramientas de microsegmentación y manipulación digital, desplegando ejércitos de bots y trolls para inclinar la balanza a su favor. Sin embargo, lo que realmente diferenciaba la campaña de AMLO era su habilidad para explotar estas tácticas con mayor efectividad. AMLO y su equipo no solo entendieron cómo funcionan los algoritmos, sino que supieron integrar las emociones y expectativas del electorado de una forma que resonaba más profundamente con los votantes, algo que sus rivales simplemente no pudieron replicar al mismo nivel. Al final del día, la política digital se convirtió en una guerra de astucia, y AMLO resultó ser el estratega más habilidoso.

Ah, pero la cosa no se queda solo dentro de las fronteras de un país. También hemos visto el surgimiento de una "guerra fría digital", donde gobiernos extranjeros utilizan las mismas herramientas para influir en elecciones fuera de sus territorios. **Rusia** es el caso más famoso, pero no el único. En las elecciones de México en 2018, también hubo informes de intervención digital internacional. Aunque no hay evidencia contundente de que afectará el resultado final, lo que está claro es que México, como otras democracias emergentes, es vulnerable a la interferencia externa.

Aquí no estamos hablando solo de trolls o memes malintencionados. Estamos hablando de campañas coordinadas con datos precisos sobre qué grupos de votantes son más vulnerables. Es un enfoque quirúrgico: si puedes desactivar a los votantes indecisos, fomentar el abstencionismo en ciertos segmentos y radicalizar a otros, entonces no necesitas hackear el sistema de votación para ganar una elección. Solo necesitas hackear la percepción de la realidad.

La respuesta corta es: sorprendentemente fácil. Según un estudio publicado por **Science Advances** en 2020, pequeñas alteraciones en los algoritmos de búsqueda de Google podrían cambiar la intención de voto de hasta el 20% de los votantes indecisos. Sí, el 20%. Un par de ajustes en los resultados de búsqueda, y de repente, un candidato pasa de ser el villano a ser el salvador. Y lo mejor de todo (para ellos): tú ni te das cuenta.

Facebook, por su parte, ha admitido que sus algoritmos priorizan el contenido que genera emociones fuertes como la rabia o el miedo. Y ¿qué mejor manera de ganar una elección que polarizar y dividir a la población? Durante las elecciones en México de 2018, estudios independientes identificaron un **aumento del 35% en el contenido de odio y polarización** en las semanas previas a la elección. El algoritmo, hambriento de clicks, no hizo distinción entre verdad y manipulación. Lo único que importaba era que te mantuvieras mirando, compartiendo, indignándote.

Hablemos claro: si lo que ves, piensas y sientes está siendo determinado por un algoritmo que opera con fines comerciales, la democracia está en serios problemas. No importa a quién estés votando si todo el proceso, desde la información que consumes hasta la decisión que tomas, ha sido cuidadosamente manipulado.

En México, el caso no es diferente. En 2018, las redes sociales no solo fueron un campo de batalla, sino el campo decisivo. La narrativa que predominó en plataformas como Facebook y Twitter moldeó la percepción pública de manera drástica, y aunque AMLO ganó por un margen amplio, la pregunta es: ¿cuántos votantes realmente estaban informados de manera imparcial?

No todo está perdido. Hay varias propuestas sobre la mesa para mitigar esta manipulación rampante, aunque pocas se han implementado efectivamente:

1. **Transparencia Algorítmica:** Las plataformas tecnológicas deben estar sujetas a auditorías independientes. Si los algoritmos pueden influir en las

elecciones, deberían ser tan auditables como las urnas mismas.

2. **Regulación de la Publicidad Política en Redes Sociales:** No más microsegmentación hiperpersonalizada que manipula emociones. Los anuncios políticos deben ser regulados de manera estricta.

3. **Educación Digital Ciudadana:** Los votantes deben aprender a cuestionar la información que ven y a estar alerta ante tácticas de manipulación.

El futuro de la democracia está en juego. Si permitimos que los algoritmos sigan controlando lo que pensamos y cómo votamos, entonces no estamos eligiendo líderes, sino aceptando una realidad fabricada.

Capítulo 12:
Ética en la IA Militar:
¿Guerras Decididas por Máquinas?

Aquí el tema que a muchos en la industria nos eriza la piel… A lo largo de la historia, la guerra ha sido un campo donde la ética y el poder se cruzan constantemente, pero con la llegada de la inteligencia artificial (IA), este cruce ha alcanzado niveles que antes solo existían en la ciencia ficción. Si las guerras ya eran lo suficientemente complejas con seres humanos tomando decisiones sobre la vida y la muerte, imagina lo que puede pasar cuando quienes deciden son máquinas.

No me considero una persona

¿Nos dirigimos hacia un futuro en el que las guerras serán decididas por algoritmos en lugar de generales? Peor aún, ¿es un futuro en el que nosotros, los humanos, simplemente seremos espectadores mientras las máquinas ejecutan la destrucción en nuestro nombre?

La idea de un ejército de drones autónomos que libran guerras sin intervención humana es cada vez menos ciencia ficción y más realidad. Desde la IA aplicada a los sistemas de defensa hasta las armas completamente autónomas, la tecnología está transformando el campo de batalla. Y claro, la promesa de precisión quirúrgica y eficiencia total es tentadora, pero ¿dónde queda la ética en todo esto? Si ya es difícil confiar en los seres humanos para tomar decisiones morales en tiempos de guerra, confiar en algoritmos parece una apuesta aún más peligrosa.

Imagina esto: un enjambre de drones decide en segundos quién es un objetivo válido y quién no. No hay tiempo para titubear, no hay espacio para las dudas morales. La máquina, guiada por un algoritmo frío y calculador, toma una decisión basándose en patrones de datos, reconocimiento facial y, probablemente, una lista de criterios preestablecidos por programadores sentados cómodamente en un centro de operaciones a miles de kilómetros del campo de batalla.

Este es el sueño (o pesadilla) de muchos ejércitos alrededor del mundo. La automatización promete eliminar el "factor humano" de la guerra, que a menudo es sinónimo de errores, vacilaciones y emociones. Un dron no se cansa, no siente miedo y no duda cuando tiene que disparar. Para los estrategas militares, suena perfecto. Pero hay un problema: la ética humana, esa que nos obliga a cuestionar cada acto de violencia y a decidir cuándo es moralmente justificable apretar el gatillo, no está presente en los algoritmos.

Y si te preocupa que esta tecnología sea solo una teoría lejana, te equivocas. Los sistemas autónomos ya están aquí. Desde los **drones Reaper** de los Estados Unidos hasta los sistemas de defensa rusos basados en IA, los ejércitos del mundo están compitiendo para automatizar cada aspecto del combate. Un informe de **RAND Corporation** estima que para 2030, más del 50% de las operaciones militares podrían estar automatizadas. La razón es simple: la IA ofrece una eficiencia incomparable y la capacidad de procesar información mucho más rápido que cualquier humano. Pero lo que se gana en eficiencia, se pierde en humanidad.

Uno de los grandes problemas de la IA en el ámbito militar es la cuestión de la responsabilidad. Cuando un soldado comete un error en el campo de batalla, las cadenas de mando y los tribunales militares están ahí para pedir cuentas. Pero, ¿a quién se le atribuye la responsabilidad cuando un dron autónomo ataca un objetivo civil por error? ¿Es culpa del programador que escribió el código? ¿Del oficial que aprobó el uso de la IA? ¿O del algoritmo que, siguiendo su programación, tomó una decisión letal en una fracción de segundo?

Tomemos como ejemplo el caso de **Israel**, uno de los países más avanzados en el desarrollo de armas autónomas. En 2021, el ejército israelí utilizó un dron completamente autónomo en un ataque a un convoy en Gaza. La operación fue considerada un éxito desde el punto de vista militar, pero surgieron preguntas éticas: ¿quién evaluó la proporcionalidad del ataque? ¿Qué pasa si la IA se equivoca? Porque, claro, las máquinas no son infalibles. Un error en el reconocimiento facial, una mala interpretación de los datos o un fallo en el software, y de repente un ataque "quirúrgico" se convierte en una masacre.

El campo de batalla no es un entorno estático. Es caótico, con constantes cambios en las dinámicas y situaciones inesperadas. La IA puede ser excelente para procesar grandes cantidades de información, pero no puede comprender la complejidad moral y contextual de una guerra. Al final, los algoritmos toman decisiones basadas en patrones, pero las vidas humanas no son simples patrones de datos. Si la guerra ya era un desastre ético cuando los humanos estaban al mando, ¿qué nos espera cuando las máquinas sean las que decidan?

Un término que ha estado circulando en los últimos

años es el de **"máquinas asesinas"** o **Lethal Autonomous Weapon Systems (LAWS)**, sistemas de armas autónomas letales que pueden identificar, seleccionar y atacar objetivos sin intervención humana. Aunque suena a una mezcla entre **Terminator** y **Black Mirror**, el desarrollo de estas armas está muy avanzado, con países como Estados Unidos, Rusia, China e Israel a la cabeza.

El gran debate en torno a las LAWS no es solo su capacidad destructiva, sino el hecho de que, en teoría, pueden tomar decisiones de vida o muerte sin intervención humana. Una vez desplegadas, ¿cómo garantizamos que respetarán las convenciones internacionales de guerra? ¿Cómo evitamos que los errores, por pequeños que sean, escalen a tragedias masivas? Porque si algo sabemos de la IA, es que los sesgos, errores y malentendidos del código siempre están a la vuelta de la esquina.

En 2020, un dron autónomo turco, el **Kargu-2**, supuestamente realizó un ataque sin la intervención de un operador humano en Libia, convirtiéndose en el primer caso documentado de una máquina tomando una vida sin autorización directa de un ser humano. Este incidente sacudió a la comunidad internacional, aunque muchos gobiernos optaron por no hacer demasiado ruido. Porque claro, la tecnología militar es el campo donde la ética a menudo queda relegada a un segundo plano en aras de la "seguridad nacional".

12.1. Colt, Oppenheimer y la Escalada de la Letalidad

Para entender hacia dónde va la IA en el ámbito militar, es interesante echar un vistazo al pasado. Ni **Samuel Colt**, el famoso inventor del revólver y **Richard Gatling**, probablemente no imaginaban en el siglo XIX que sus diseños revolucionarían la guerra hasta el punto en que una de las armas más letales del mundo sería una autocannon Gatling montada en un **A-10 Thunderbolt (Brrrrrrrrrrrrrrr).**

Colt diseñó el revólver pensando en aumentar la eficiencia de disparo, pero jamás imaginó que su modesto revólver de seis disparos sentaría las bases para una nueva era de destrucción masiva.

El revólver de Colt permitía a los soldados disparar seis balas antes de recargar, algo revolucionario para la época. Sin embargo, comparado con las armas actuales, su letalidad era limitada. En su diseño inicial, las balas viajaban a **270 metros por segundo**. Para el siglo XIX, esto significaba una ventaja significativa en combate. Pero a medida que la tecnología militar avanzó, la escala de letalidad también aumentó exponencialmente.

A finales del siglo XIX, la **ametralladora Gatling**, inventada por Richard Gatling en 1861, transformó el campo de batalla. Capaz de disparar hasta **200 balas por minuto**, fue la primera arma en mecanizar el proceso de disparo continuo.

El salto en letalidad entre un revólver Colt y una Gatling es enorme, pero la evolución tecnológica no se detuvo ahí. Avanzando un siglo más, encontramos el cañón **GAU-8**

Avenger, una versión avanzada de la Gatling gun montada en el avión de ataque **A-10 Warthog**. Este cañón puede disparar **4,200 proyectiles por minuto**, cada uno de los cuales puede perforar el blindaje de un tanque.

En otras palabras, un solo avión puede destruir una columna entera de vehículos blindados en cuestión de minutos.

Si Colt estuviera vivo hoy, no podría haber imaginado una escala de letalidad como la del GAU-8. La tecnología militar ha avanzado desde simples armas de fuego manuales hasta sistemas capaces de realizar devastación masiva en minutos.

Otro salto en la escalada de letalidad ocurrió en el siglo XX con **Robert Oppenheimer** y el desarrollo de la **bomba atómica**. La primera detonación nuclear en 1945 sobre Hiroshima tenía una potencia de **15 kilotones de TNT**, suficiente para destruir la ciudad y matar a más de **70,000 personas** de manera instantánea. En cuestión de segundos, la humanidad comprendió el poder destructivo que ahora tenía en sus manos.

Si bien la bomba atómica de Oppenheimer cambió para siempre la guerra, las armas nucleares modernas han escalado ese poder destructivo aún más. Las bombas de hidrógeno actuales tienen un potencial destructivo de hasta **50 megatones**, lo que equivale a **3,800 veces** la potencia de la bomba lanzada sobre Hiroshima. Este tipo de tecnología puede destruir ciudades enteras, y no hace falta decir que Oppenheimer probablemente no imaginaba que las armas que ayudó a desarrollar llegarían a ser tan letales.

Pero la IA militar podría llevarnos a algo aún más peligroso. Mientras que Oppenheimer y Colt entendían el poder destructivo de sus invenciones, las armas autónomas están evolucionando más allá del control humano. Un dron autónomo no necesita la intervención de un soldado para atacar. Simplemente sigue las instrucciones de un algoritmo que no comprende las consecuencias morales de sus acciones.

La narrativa que a menudo rodea a la IA militar es la promesa de mayor precisión y menos bajas civiles. Pero si profundizamos en el tema, esta narrativa se desmorona rápidamente. Por cada ataque quirúrgico que se realiza con éxito, existe el potencial de una catástrofe causada por un error de software o un malentendido de los datos. Y lo más importante: ¿quién decide qué es un "daño colateral aceptable"? Cuando la IA es la que toma las decisiones, los matices éticos quedan en segundo plano. Se trata de números, eficiencia y cumplimiento de objetivos militares. Pero la guerra es mucho más que eso. Es un tema profundamente humano, cargado de dolor, sacrificio y, en el mejor de los casos, esperanza de que, de alguna manera, podamos encontrar una forma de salir de ella.

Tomemos como ejemplo el uso de drones por parte de Estados Unidos en Pakistán y Afganistán. Estos ataques se han vendido como una forma más precisa de eliminar amenazas sin poner en riesgo la vida de los soldados. Sin embargo, entre 2004 y 2020, se estima que entre el **10% y el 20% de las bajas** causadas por estos drones fueron civiles. Sí, los números parecen bajos comparados con las guerras tradicionales, pero pregúntale a las familias de esos civiles si las estadísticas les consuelan. Cada vida perdida debido a un error de cálculo de la IA sigue siendo una tragedia humana.

12.2. Soluciones Éticas: ¿Es Posible Controlar a las Máquinas?

Entonces, ¿qué hacemos con esta tecnología? ¿La prohibimos? ¿La regulamos? ¿O simplemente nos resignamos a un futuro donde las guerras ya no las libran humanos sino algoritmos? Los expertos en ética y derechos humanos están presionando para que la **ONU** y otras organizaciones internacionales desarrollen un marco claro que prohíba el uso de armas completamente autónomas. Pero, claro, la tecnología avanza más rápido que la legislación. Mientras los gobiernos debaten, los militares siguen desarrollando.

Una de las propuestas más viables es la de implementar un **"botón de apagado"** o **human-in-the-loop**, es decir, garantizar que los humanos siempre tengan la última palabra antes de que una máquina ejecute un ataque. Pero seamos honestos: en un entorno de guerra real, donde las decisiones se toman en fracciones de segundo, ¿quién garantiza que el operador humano no se convierta simplemente en un observador que valida decisiones ya tomadas por la IA?

Capítulo 13:
IA y el Cambio Climático:
¿Salvadora del Planeta o Culpable Silenciosa?

La humanidad ha encontrado su nuevo héroe para todos los problemas: la inteligencia artificial. Ya sabes, esa tecnología que promete resolver todo, desde la pobreza global hasta el cáncer. Así que, por supuesto, cuando hablamos del mayor desafío de nuestros tiempos —el cambio climático—, la IA también se saca del sombrero como el as bajo la manga. Pero, ¿realmente es la IA nuestra salvadora? ¿O es solo otra herramienta que, mientras nos promete salvar el planeta, silenciosamente contribuye a su destrucción?

Hablemos claro: el cambio climático es la consecuencia directa de la arrogancia humana, de nuestra obsesión con el crecimiento y el consumo sin límites. Y ahora que hemos reconocido, a regañadientes, que hemos creado un problema gigantesco, todos miran a la tecnología, y específicamente a la IA, como la solución mágica que nos sacará del hoyo. Pero como todo en la vida, la historia tiene dos caras. La IA podría ayudarnos a deshacer el desastre que hemos creado… o, si no tenemos cuidado, podría convertirse en un contribuyente silencioso a este colapso.

Por un lado, los defensores de la IA no pierden oportunidad para proclamar las maravillas que esta tecnología puede hacer por el medio ambiente. Y es cierto, la IA tiene un potencial impresionante para ayudarnos a mitigar el cambio climático. Desde la optimización del uso de energía en ciudades inteligentes hasta la predicción precisa de fenómenos meteorológicos extremos, la IA se ha posicionado como una herramienta esencial en la lucha contra el calentamiento global.

Por ejemplo, los sistemas de **machine learning** ya están ayudando a predecir incendios forestales antes de que se salgan de control. En California, los modelos de IA se utilizan para analizar patrones climáticos y de vegetación, identificando áreas de riesgo elevado con una precisión que los humanos simplemente no podrían alcanzar. ¿El resultado? Menos hectáreas quemadas, menos CO_2 en la atmósfera y, en teoría, menos desastres.

Y no solo hablamos de desastres naturales. La IA también promete hacer más eficientes nuestras industrias. **Google**, por ejemplo, anunció que su IA ha logrado reducir el consumo energético en sus centros de datos hasta en un **40%**. En el sector del transporte, que es uno de los principales culpables de las emisiones de gases de efecto invernadero, la IA está ayudando a diseñar rutas más eficientes y a optimizar el uso de combustibles. El futuro de los vehículos eléctricos y autónomos también depende, en gran parte, de la IA. ¿El resultado? Un planeta menos asfixiado por nuestros caprichos tecnológicos.

Hasta aquí, todo parece brillante, ¿verdad? La IA parece estar a punto de salvarnos del desastre climático. Pero, como siempre, hay un precio que pagar.

13.1. El Costo Oculto: La Huella de Carbono de la IA

Ah, sí. El detalle que muchos prefieren ignorar: la IA no es mágica. Necesita computación masiva, y la computación masiva tiene un costo ambiental considerable. Entrenar un modelo avanzado de IA no es precisamente barato desde el punto de vista energético.

¿Alguna vez has oído hablar de **GPT-3**, uno de los modelos de lenguaje más avanzados? El mismo tipo de modelo que hace funcionar herramientas similares a las que estás leyendo ahora. Para entrenar a GPT-3 se utilizaron **1,287 megavatios-hora** de electricidad. En términos de emisiones, esto equivale a aproximadamente **626,000 libras de CO$_2$**, o lo que es lo mismo, las emisiones anuales de **60 vuelos transatlánticos**. Y eso solo es un modelo de IA. Imagina lo que significa para el planeta que miles de modelos similares están siendo entrenados a diario en todo el mundo.

La IA, como cualquier otra tecnología avanzada, requiere de cantidades colosales de electricidad para procesar los datos necesarios. Y no es que toda esa electricidad provenga de fuentes renovables. De hecho, gran parte de la infraestructura tecnológica global sigue dependiendo de combustibles fósiles. Entonces, mientras entrenamos estos modelos para que, en teoría, nos ayuden a ser más eficientes y verdes, estamos quemando cantidades ridículas de energía. Es un ciclo perverso: necesitamos la IA para salvar el planeta, pero en el proceso de desarrollarla, estamos contribuyendo a la degradación ambiental.

Aquí es donde las cosas se complican. Por un lado, la IA podría ayudarnos a alcanzar el tipo de eficiencia energética que necesitamos para reducir las emisiones globales de carbono. Pero, por otro lado, su desarrollo está contribuyendo silenciosamente a esas mismas emisiones. Es como si estuviéramos jugando al "doctor Frankenstein" con la tecnología: creando un monstruo con la esperanza de que nos cure, pero ignorando que en el proceso, estamos perdiendo el control.

Tomemos como ejemplo la minería de datos y los centros de procesamiento de información. Estos son los cimientos sobre los cuales se entrena y opera la IA. Según un informe de **Nature**, los centros de datos a nivel mundial consumen aproximadamente el **1%** de la electricidad global. Puede que el porcentaje parezca bajo, pero cuando lo traducimos a emisiones de carbono, es como si todo el sector tecnológico fuera responsable de más del **2%** de las emisiones globales de CO_2. Para ponerlo en contexto, eso es comparable a la industria de la aviación comercial.

Y la tendencia no parece mejorar. Con el crecimiento exponencial de la IA, el Internet de las cosas (IoT) y el big data, los expertos predicen que para 2030, la tecnología digital podría representar el **8% de las emisiones globales de carbono**, más del doble de lo que representa ahora. Si seguimos en esta dirección, la misma tecnología que se supone que va a salvarnos podría convertirse en el culpable silencioso de nuestro desastre ambiental.

Otro aspecto interesante es el papel que juegan las

empresas tecnológicas. Grandes jugadores como **Microsoft**, **Amazon** y **Google** están invirtiendo en energías renovables y comprometiéndose a ser "carbono neutral". Pero no seamos ingenuos: estas compañías no están invirtiendo en tecnologías limpias por pura filantropía. Lo hacen porque saben que su negocio depende de un planeta funcional. Y claro, no podemos ignorar el hecho de que sus modelos de negocio también dependen del marketing de "tecnología verde". Hablan de sostenibilidad mientras construyen más centros de datos y aumentan la demanda de electricidad.

¿Son estas inversiones genuinas soluciones al problema climático o simples parches temporales? Porque mientras las compañías prometen ser "neutrales en carbono" a través de compensaciones de carbono y programas de reforestación, no podemos olvidar que el impacto ambiental de entrenar y operar sistemas de IA no desaparecerá mágicamente con la compra de créditos de carbono. En última instancia, seguimos en el mismo ciclo: necesitamos más energía para procesar más datos para obtener más IA, todo mientras intentamos salvar al planeta.

Entonces, ¿la IA es nuestra salvadora o la culpable silenciosa de la degradación ambiental? La respuesta, como en todo lo relacionado con la tecnología, no es blanco o negro. La IA tiene el potencial de ser una herramienta increíble para combatir el cambio climático. Desde mejorar la eficiencia energética hasta desarrollar nuevas tecnologías de energía renovable, las posibilidades son infinitas.

Pero debemos enfrentarnos a la realidad: esta tecnología no es gratis en términos ambientales. Entrenar y operar IA requiere cantidades masivas de energía, y en un mundo donde todavía dependemos en gran medida de combustibles fósiles, eso tiene un impacto real en el planeta.

Quizás el problema no sea la IA en sí, sino nuestra eterna dependencia de soluciones tecnológicas como la panacea para problemas que nosotros mismos hemos creado. En lugar de preguntarnos si la IA puede salvarnos, deberíamos preguntarnos cómo podemos diseñar y utilizar esta tecnología de manera responsable. ¿Es posible crear una IA verdaderamente "verde"? ¿O estamos destinados a perpetuar este ciclo donde cada solución genera nuevos problemas?

La IA tiene el potencial de ser una espada de doble filo en la lucha contra el cambio climático. Puede ayudarnos a reducir nuestra huella de carbono, pero si no somos conscientes de su propio costo ambiental, podría terminar siendo uno de los factores que nos lleve a un desastre ecológico aún mayor.

La tecnología no es inherentemente buena o mala, pero es el uso que le damos lo que determinará si la IA se convierte en la heroína o en la villana de nuestra historia climática. No podemos depender de soluciones tecnológicas como un "salvavidas" sin cuestionar sus consecuencias. Porque si lo hacemos, corremos el riesgo de que la misma tecnología que nos promete salvarnos sea la que nos está hundiendo sin que nos demos cuenta.

Al final, la pregunta no es si la IA **puede** ayudarnos a combatir el cambio climático. La pregunta es: ¿seremos lo suficientemente responsables para asegurarnos de que no se convierta en un cómplice silencioso de la destrucción del planeta que pretende salvar?

Capítulo 14:
¿Deberíamos tener miedo? Ética, Responsabilidad y el Futuro de la IA

Hablar de **inteligencia artificial** es como abrir una caja de Pandora tecnológica. Durante décadas, se nos prometió que la IA nos llevaría a un futuro lleno de eficiencia, progreso y soluciones rápidas a problemas complejos. Y sí, la tecnología ha cumplido algunas de esas promesas. Pero si somos honestos, no tardamos mucho en darnos cuenta de que este futuro tan brillante y lleno de potencial también tiene un lado oscuro: **la IA está creando tantas preguntas nuevas como soluciones**. Preguntas que van mucho más allá de la técnica, y que nos empujan directamente al terreno de la **ética**, la **responsabilidad** y el **poder**.

La promesa de la inteligencia artificial es, sin duda, tentadora. Sistemas que pueden tomar decisiones de manera más rápida y precisa que los humanos, algoritmos capaces de analizar montañas de datos en milésimas de segundo, avances médicos que podrían erradicar enfermedades que antes eran letales. **Suena perfecto, ¿no?** Pero mientras celebramos esos logros, **¿nos hemos detenido a pensar en lo que realmente implica ceder tanto poder a la tecnología?** ¿Qué significa cuando permitimos que **algoritmos invisibles** tomen decisiones por nosotros, decisiones que afectan nuestras vidas, nuestros derechos y nuestro futuro?

El problema fundamental con la IA no es su capacidad tecnológica, sino su capacidad para **desplazar la toma de**

decisiones humanas. En una sociedad donde ya estamos saturados de información y sobrecargados de elecciones, la idea de externalizar decisiones complejas a una máquina suena tentadoramente conveniente. Pero lo que rara vez se discute es **quién se hace responsable cuando la IA falla**. Porque, claro, la IA no tiene conciencia. No tiene sentido del bien o del mal, ni puede discernir entre lo que es justo y lo que no lo es. **Solo sigue patrones**; patrones que muchas veces están cargados de los mismos prejuicios, desigualdades y sesgos que hemos perpetuado durante generaciones. Y cuando las decisiones automatizadas resultan en errores —algunos devastadores— **¿quién responde?**

Estamos en un momento crítico. La tecnología avanza mucho más rápido que nuestra capacidad para **entenderla completamente**, y mucho menos para **regularla**. Cada día, los algoritmos están tomando decisiones en **sistemas judiciales, hospitales, oficinas gubernamentales y procesos de contratación**. Desde decisiones judiciales automatizadas que deciden la libertad de una persona, hasta algoritmos que evalúan tu crédito o incluso determinan si eres elegible para un puesto de trabajo, **la IA ya está moldeando nuestras vidas** de maneras que ni siquiera alcanzamos a percibir completamente. Y el verdadero problema es que **nadie parece estar al mando**.

La **falta de transparencia** en los sistemas de inteligencia artificial es una de las principales razones por las que **deberíamos estar preocupados**. Las llamadas "cajas negras" de IA son sistemas tan complejos que **ni siquiera los propios desarrolladores pueden explicar cómo llegaron a ciertas decisiones**. ¿Cómo sabemos, entonces, si esas decisiones son justas? **No lo sabemos.** Y cuando las personas afectadas por esas decisiones buscan respuestas, rara vez las obtienen. El riesgo aquí no es sólo técnico; es profundamente **ético**. Porque lo que está en juego no son solo las tareas que la IA puede realizar, sino **los derechos y las dignidades de los seres humanos** que están siendo subordinados a sistemas que no entienden ni pueden controlar.

Si añadimos a esto el hecho de que **los algoritmos no son neutrales**, la situación se vuelve aún más complicada. **La IA es un reflejo de la sociedad que la crea.** Se alimenta de datos históricos que están repletos de **prejuicios sociales, raciales, de género y económicos**. Cuando una IA evalúa el riesgo de reincidencia de un criminal, la probabilidad de un crédito hipotecario o la idoneidad de un candidato para un trabajo, no lo hace en un vacío ético. Lo hace basándose en patrones que **reflejan y perpetúan las desigualdades que ya existen en la sociedad.** Y esos sesgos no son siempre visibles o fáciles de corregir. ¿Cómo depuras un sistema que toma decisiones basado en prejuicios tan profundamente arraigados que ni siquiera los humanos los reconocemos?

Luego está el tema del **poder**. A medida que confiamos más en la inteligencia artificial para tomar decisiones importantes, **¿quién tiene el control de estos sistemas?** Las grandes corporaciones tecnológicas, como **Google, Amazon, Microsoft y Facebook**, han monopolizado el desarrollo de la IA. Esto no es simplemente un tema de tecnología; es un tema de **poder económico y político**. Las empresas que controlan los algoritmos controlan los flujos de información, los mercados, las políticas públicas y, en última instancia, el destino de millones de personas.

Cuando dejamos que la IA tome decisiones en nuestras vidas diarias, en realidad estamos **cediendo el poder a las corporaciones** que diseñan y operan estos sistemas. ¿Qué ocurre cuando la **búsqueda de beneficios corporativos** entra en conflicto con la **justicia social** o los **derechos humanos**? Si el objetivo de la IA es maximizar la eficiencia y las ganancias, **¿qué lugar queda para la equidad, la empatía y el bien común?**

Los **riesgos de la inteligencia artificial** no son meramente hipotéticos. Ya estamos viendo cómo los algoritmos de redes sociales manipulan elecciones políticas, cómo los sistemas de reconocimiento facial **discriminan sistemáticamente a las personas de color**, y cómo los algoritmos de contratación descartan automáticamente a candidatos con ciertos antecedentes raciales o económicos. Todo esto ocurre en un mundo donde **la regulación de la IA es escasa y, en muchos casos, inexistente**. Y, lo que es más preocupante, **no hay consenso global** sobre cómo deberíamos gestionar estas tecnologías.

Si bien algunos países están comenzando a implementar **regulaciones para la IA**, el hecho es que vivimos en un mundo globalizado, donde las fronteras tecnológicas no existen. Un algoritmo creado en Silicon Valley puede ser utilizado en Europa, Asia o África sin ninguna supervisión ética o legal. **La falta de una ética global para la IA** significa que estamos avanzando en un territorio tecnológico sin brújula, y los riesgos de esto son incalculables.

¿Hacia dónde nos dirigimos si seguimos por este camino? ¿Qué futuro nos espera si no somos capaces de **regular y controlar** los sistemas que estamos creando? ¿Es posible construir una IA que **no solo refleje los valores éticos más elevados**, sino que también esté alineada con **los intereses de toda la humanidad**? Porque, hasta ahora, todo parece indicar que **estamos diseñando sistemas que benefician a unos pocos y perjudican a muchos.**

La inteligencia artificial plantea desafíos **éticos y existenciales** que nunca antes habíamos enfrentado. Si bien ofrece la promesa de un futuro más eficiente y automatizado, también plantea una pregunta fundamental: **¿podemos coexistir con una tecnología tan poderosa y mantener nuestros principios éticos intactos?** Hasta ahora, la respuesta ha sido ambigua. Hemos desarrollado IA más rápido de lo que hemos desarrollado **las herramientas éticas para controlarla**. Y si no nos detenemos a reflexionar sobre las implicaciones de esta tecnología, corremos el riesgo de perder de vista lo que significa **ser humano en la era de la inteligencia artificial**.

14.1. Responsabilidad Algorítmica: ¿Quién Responde Cuando la IA falla?

Imagina esta situación: tu solicitud para un crédito hipotecario es rechazada. No entiendes por qué, tienes un historial financiero decente, has pagado todas tus deudas y tienes un empleo estable. ¿La razón del rechazo? Un **algoritmo de inteligencia artificial** evaluó tu perfil financiero y concluyó que eras un "riesgo". ¿Y qué puedes hacer? **Nada**. No hay nadie a quien puedas apelar, no hay explicaciones claras, solo un resultado frío e inapelable de una **máquina que no entiende tu vida.**

Este es el nuevo escenario que plantea la **inteligencia artificial**: algoritmos tomando decisiones que afectan profundamente nuestras vidas, desde la **concesión de créditos, contratación laboral, procesos judiciales** o incluso diagnósticos médicos. Pero el gran dilema ético es: **¿quién responde cuando la IA se equivoca?**

Tradicionalmente, cuando una persona toma una mala decisión, podemos **pedir responsabilidades**. Hay mecanismos legales, sanciones, y la posibilidad de corregir los errores. Pero con la IA, el panorama es mucho más **nebuloso**. Las decisiones son tomadas por algoritmos que no tienen conciencia, ni moral, ni intencionalidad. **Son solo líneas de código**, siguiendo patrones y datos que muchas veces están llenos de **prejuicios históricos**. Entonces, ¿a quién señalamos cuando la IA discrimina, comete un error o causa un daño irreparable?

Uno de los mayores problemas de la responsabilidad algorítmica es la **falta de transparencia**. Muchos sistemas de IA, especialmente los más avanzados que usan redes neuronales profundas, son lo que comúnmente se conoce como **"cajas negras"**. Esto significa que ni siquiera los desarrolladores que crean estos sistemas **entienden completamente cómo toman decisiones**. Los algoritmos procesan enormes cantidades de datos, detectan patrones y hacen predicciones o juicios, pero **el proceso exacto que siguen es opaco.**

Esto crea una barrera para la **responsabilidad**. ¿Cómo podemos responsabilizar a alguien por una decisión que no podemos explicar? Si un algoritmo usado por una empresa de recursos humanos decide que ciertos candidatos no son aptos para un puesto porque detectó "características no deseadas" en sus currículums, **¿cómo sabemos si esa decisión fue justa o discriminatoria?** ¿Y quién paga las consecuencias cuando esos candidatos son rechazados injustamente?

Este tipo de opacidad no sólo complica la **responsabilidad legal**, sino que **despoja a las personas afectadas de cualquier tipo de control** sobre las decisiones que les impactan. Si una máquina toma una decisión que afecta tu futuro, **tienes derecho a entender por qué.** Pero en muchos casos, esos derechos simplemente no existen.

Cuando la IA falla, las empresas que la implementan suelen **pasar la pelota** a los desarrolladores que construyeron los algoritmos. Los desarrolladores, a su vez, culpan a los datos con los que el sistema fue entrenado. Y mientras tanto, **los afectados por esos errores se quedan sin respuestas.**

Veamos un ejemplo claro: en 2018, el gigante minorista **Amazon** se vio obligado a descontinuar un sistema de IA que utilizaba para **contratar empleados.** ¿El problema? El algoritmo **discriminaba sistemáticamente a las mujeres,** rechazando sus solicitudes en función de un sesgo aprendido a partir de los datos históricos de contratación de la empresa, que favorecían a los hombres. La IA, que supuestamente debía ser imparcial, simplemente replicó **los prejuicios de género** que ya existían en los datos con los que fue entrenada. **¿Quién fue responsable aquí?**

En este caso, ¿es Amazon la que debe asumir la culpa por no haber previsto este sesgo? ¿O son los desarrolladores del algoritmo, que no calibraron los datos de forma adecuada? Lo más probable es que **nadie asumiera la responsabilidad completa,** y el sistema fue retirado silenciosamente mientras las personas afectadas no recibieron ninguna compensación. **Este es el problema de fondo**: la falta de un marco claro para asignar responsabilidades.

Este problema también se manifiesta en otros sectores, como en los **sistemas judiciales. COMPAS**, una IA utilizada en los tribunales de Estados Unidos para predecir el riesgo de reincidencia de los acusados, fue descubierta **discriminando a las personas negras**, calificándolas como de mayor riesgo que los acusados blancos con perfiles similares. Cuando se reveló el sesgo, la reacción fue **negar cualquier mala intención**, culpando a los datos históricos. Pero aquí surge la verdadera pregunta: **¿qué hacemos cuando la IA perpetúa o incluso amplifica las desigualdades sociales? ¿Y** quién asume la responsabilidad por el daño causado?

La solución no es tan simple como buscar culpables. Lo que necesitamos es un **marco regulatorio** que **obligue a las empresas y desarrolladores a rendir cuentas** por los sistemas que implementan. Las organizaciones que utilizan IA para tomar decisiones que afectan a las personas deben ser **transparentes sobre cómo funcionan esos sistemas,** y estar dispuestas a **corregir errores** cuando los algoritmos causan daño.

En Europa, la **Regulación General de Protección de Datos (GDPR)** ya establece el **derecho a la explicación** en los casos donde las decisiones automatizadas afectan significativamente a los individuos. Esto significa que las empresas que utilicen IA en la Unión Europea **deben poder explicar cómo y por qué una decisión automatizada fue tomada**. Es un buen comienzo, pero **no es suficiente**. Necesitamos **auditorías independientes** de los algoritmos, tanto desde un punto de vista técnico como ético.

Además, las empresas deben ser responsables no solo cuando el algoritmo falla técnicamente, sino también cuando **refuerza injusticias sociales**. Si una IA perpetúa la discriminación racial o de género, o si toma decisiones basadas en patrones sesgados, **la empresa debe rendir cuentas por ese daño**. No podemos simplemente aceptar que "así es como funcionan los algoritmos". **La tecnología debe ser justa**, y es nuestra responsabilidad como sociedad asegurarnos de que así sea.

Al final, lo que está en juego no es solo la **calidad de la tecnología**, sino el **futuro de la justicia y la equidad** en la era de la IA. No podemos permitir que los errores de los algoritmos queden sin consecuencias, o que las grandes corporaciones y desarrolladores de software se escondan detrás de excusas técnicas cuando sus sistemas causan daño.

Si no tomamos medidas proactivas para **exigir transparencia y responsabilidad**, corremos el riesgo de vivir en un mundo donde **las decisiones que nos afectan no tengan rostro humano ni mecanismos de apelación**. Y eso es **lo más peligroso**: un mundo donde nadie responde cuando los sistemas fallan.

14.2. ¿Hacia una Ética Global de la IA? Los Esfuerzos Internacionales para Poner Reglas al Caos

Si algo está claro es que la inteligencia artificial no respeta fronteras. Lo que ocurre en los laboratorios de Silicon Valley, Beijing o Londres afecta la vida de personas en todos los rincones del planeta. **El desarrollo de la IA es global**, pero hasta ahora, las **regulaciones no lo son**. Y en ese vacío de normas comunes, surgen grandes preguntas: **¿cómo gestionamos de forma justa una tecnología que impacta en la vida de millones de personas en distintos países?** ¿Es posible crear una ética global que proteja los derechos humanos, garantice la equidad y, al mismo tiempo, no frene el progreso tecnológico?

En un mundo ideal, los avances en inteligencia artificial se implementarían de manera **responsable, equitativa y transparente**, con una ética sólida que garantice que **los derechos humanos y la justicia social** se mantengan en el centro del desarrollo tecnológico. Pero la realidad dista mucho de ser esa utopía. En este momento, estamos presenciando un **salvaje oeste tecnológico**, donde cada país, y muchas veces cada empresa, define sus propias reglas, sin un marco común que garantice que la IA **no sea utilizada de manera abusiva o discriminatoria**.

Uno de los mayores retos que enfrentamos es que **la tecnología avanza a una velocidad imparable**, mientras las regulaciones internacionales se están quedando dolorosamente atrás. Mientras **países como China y Estados Unidos** compiten ferozmente por el dominio en inteligencia artificial, otros intentan lidiar con las implicaciones sociales, políticas y éticas de esta competencia. Sin embargo, **los valores y prioridades de estas potencias no siempre coinciden**, y eso hace que un enfoque ético global sea increíblemente difícil de lograr.

China, por ejemplo, ha avanzado rápidamente en la implementación de IA en sectores críticos como la **vigilancia masiva**. Las ciudades inteligentes y los sistemas de monitoreo que usan reconocimiento facial están diseñados para aumentar la seguridad pública, pero también han generado preocupaciones sobre el **control estatal** y la **erosión de los derechos individuales**. Mientras tanto, en **Estados Unidos**, la IA se utiliza ampliamente en el sector privado, con **grandes corporaciones tecnológicas** como Google, Amazon y Facebook liderando el camino. Estas empresas operan con una enorme libertad y **poca regulación**, lo que les permite priorizar la eficiencia y los beneficios sobre cualquier consideración ética.

Este choque de **valores políticos y económicos** complica la posibilidad de un consenso global sobre la ética de la IA. Mientras algunos países se preocupan por el impacto de la IA en los derechos humanos, otros ven la tecnología como una herramienta para **consolidar poder**. Y en medio de todo esto, **la sociedad civil y las personas comunes** son quienes pagan el precio cuando la tecnología se utiliza de manera abusiva o sin control.

A pesar de estas divisiones, algunos esfuerzos están comenzando a tomar forma. **La ONU** ha reconocido la necesidad de una ética global para la IA y ha impulsado diálogos entre países para **establecer principios comunes**. La

UNESCO ha liderado el desarrollo de un **marco ético internacional para la IA**, centrado en la promoción de los derechos humanos, la equidad y la inclusión. El objetivo de estas iniciativas es asegurarse de que, independientemente de dónde se desarrolle o implemente la IA, **se respeten ciertos principios fundamentales** que protejan a todas las personas, especialmente a las más vulnerables.

Uno de los actores clave en este debate es la **Unión Europea**. A diferencia de otros países, la UE ha tomado un enfoque proactivo y más regulador hacia la inteligencia artificial. La propuesta de **Reglamento de la IA de la Unión Europea** tiene como objetivo establecer un marco legal para garantizar que la IA se desarrolle y se utilice de manera ética y segura, sin comprometer los derechos de los ciudadanos. Este reglamento clasifica los sistemas de IA en función de su nivel de riesgo, desde **"alto riesgo"** (por ejemplo, IA utilizada en sistemas judiciales o de atención médica) hasta **"riesgo bajo"** (como los sistemas de recomendación en plataformas de entretenimiento).

Además, la UE exige que las empresas y organizaciones que desarrollan IA **sean transparentes sobre el uso de algoritmos** y que las personas tengan derecho a saber cómo funcionan estos sistemas cuando afectan decisiones que impactan sus vidas. Este tipo de **transparencia obligatoria** es un paso crucial para garantizar la responsabilidad, algo que muchas grandes corporaciones tecnológicas han eludido hasta ahora.

Sin embargo, aunque estas iniciativas son loables, el gran problema es que **las regulaciones europeas no se aplican en todo el mundo**. Mientras la UE avanza en su esfuerzo por regular la IA, **otros países siguen sin normas claras** o incluso promueven el uso de la IA de manera que **viola los derechos humanos**. Esto crea una **desconexión global** donde la ética de la IA depende del lugar donde vivas, y las grandes corporaciones tecnológicas **operan en los vacíos legales** que les permiten maximizar sus beneficios sin rendir cuentas.

Otro factor que complica la creación de una ética global para la IA es que esta tecnología no solo es una herramienta económica, sino también **una arma geopolítica**. Los países no solo compiten por dominar el mercado de la IA, sino también por usarla como un **instrumento de poder y control**. Desde la vigilancia hasta la ciberseguridad, la IA se está convirtiendo en una pieza clave en la **geopolítica del siglo XXI**.

China, por ejemplo, ha utilizado su desarrollo de IA para fortalecer su **control interno** y expandir su influencia global a través de iniciativas como la **Ruta de la Seda Digital**. Al exportar tecnologías de vigilancia y sistemas de IA a otros países, China no solo está consolidando su poder tecnológico, sino también exportando su **modelo autoritario** de control social. Mientras tanto, en Estados Unidos, la carrera por el dominio en IA está impulsada por el sector privado, pero con un claro enfoque en **mantener la supremacía tecnológica global** frente a rivales como China.

Esta carrera por el dominio de la IA plantea una pregunta urgente: **¿es posible desarrollar una ética global cuando las principales potencias tecnológicas ven la IA como una ventaja competitiva más que como un bien común?** Si los países están más preocupados por **ganar la**

carrera tecnológica que por garantizar que la IA se utilice de manera justa y responsable, la idea de una ética global se convierte en una batalla cuesta arriba.

Entonces, **¿es realista pensar que podemos establecer una ética global para la IA?** En teoría, sí. La necesidad de regular y controlar el uso de la IA de manera justa es más apremiante que nunca. Pero en la práctica, el camino está lleno de obstáculos. Los **intereses económicos y políticos** de los países y las grandes corporaciones dificultan la creación de un consenso internacional. Mientras algunos ven la IA como una oportunidad para mejorar la calidad de vida y promover la justicia social, otros la ven como una herramienta para aumentar su poder y control.

Pero rendirnos no es una opción. **Necesitamos avanzar hacia un acuerdo global** que asegure que la inteligencia artificial sea una **fuerza para el bien común** y no un **instrumento de opresión** o **desigualdad**. Este acuerdo debe basarse en principios universales que **protejan los derechos humanos**, la equidad y la justicia, independientemente de los intereses geopolíticos o corporativos. Si no logramos crear un marco ético global para la IA, **nos arriesgamos a perder el control** de una tecnología que ya está moldeando el futuro de la humanidad.

El reto es enorme, pero es necesario. Porque si la IA va a definir el próximo siglo, **asegurarnos de que lo haga de manera ética y responsable no es solo una opción, es una obligación moral.**

14.3. Reflexión Final: ¿Es Posible un Futuro donde IA y Ética Coexistan?

La inteligencia artificial se ha convertido en el **nuevo campo de batalla** entre la innovación y la ética. Por un lado, tenemos una tecnología que ha demostrado su capacidad para **revolucionar industrias**, resolver problemas complejos en cuestión de segundos, e incluso ayudarnos a predecir y prevenir enfermedades. Por otro lado, **los errores, los sesgos y las implicaciones éticas** de la IA han planteado profundas preguntas sobre su impacto en la sociedad. Y aquí es donde surge la duda: **¿es posible un futuro donde la inteligencia artificial y la ética coexistan de manera armoniosa?**

No podemos negar que la IA tiene el potencial de hacer cosas que los humanos solo podríamos haber imaginado en películas de ciencia ficción. Desde la creación de nuevos medicamentos hasta la optimización de recursos en ciudades enteras, la IA promete un futuro en el que **la eficiencia y la innovación** estarán a la orden del día. Pero, como hemos visto a lo largo de este libro, **el desarrollo de la IA no es neutral**. Cada decisión tomada por un algoritmo está impregnada de los valores y prejuicios de quienes la crearon y de los datos que la alimentan.

El problema es que **el progreso tecnológico** rara vez se detiene a considerar las implicaciones éticas. La IA avanza impulsada por **el poder económico y la competencia global**, lo que deja a la ética luchando por seguir el ritmo. Mientras algunos celebran los avances, **otros ya están experimentando las consecuencias** de los errores y sesgos inherentes en los algoritmos. La pregunta no es si deberíamos seguir desarrollando la IA (eso es inevitable), sino **cómo** podemos garantizar que su desarrollo respete los principios éticos fundamentales que deberían guiar a toda sociedad justa.

El verdadero peligro de la IA no reside en la tecnología en sí, sino en **cómo se utiliza y para qué fines**. Si la IA se usa para **perpetuar la desigualdad, aumentar el control corporativo o consolidar regímenes autoritarios**, entonces estaremos en el camino hacia un futuro sombrío, donde la tecnología amplifica los peores defectos de la humanidad. Pero, si logramos integrarla de manera responsable, con una **fuerte supervisión ética y regulatoria**, la IA podría convertirse en una **herramienta poderosa** para mejorar la calidad de vida, promover la justicia y reducir las desigualdades.

Entonces, ¿qué necesitamos para que la **IA y la ética puedan coexistir**? Primero, necesitamos un **marco ético sólido y universal**. Uno que no dependa de los intereses comerciales de las grandes corporaciones ni de los objetivos políticos de las superpotencias tecnológicas. Este marco debe estar basado en **principios universales de justicia, equidad, transparencia y responsabilidad**, y debe guiar el desarrollo y la implementación de IA en todos los sectores.

La transparencia es clave. Los sistemas de IA no pueden seguir siendo **cajas negras**, inaccesibles para la mayoría y entendidos solo por una élite de desarrolladores. Las personas afectadas por las decisiones de la IA deben tener el **derecho de saber cómo funcionan estos sistemas**, y, lo que es más importante, **de cuestionarlos** cuando las decisiones son incorrectas o injustas. No podemos confiar en que la IA, por su mera sofisticación, sea siempre precisa o imparcial.

Este marco ético también debe garantizar que **la responsabilidad esté claramente definida**. Como discutimos en el apartado anterior, la **responsabilidad algorítmica** no puede seguir siendo una cuestión nebulosa. Las empresas que desarrollan IA, y los gobiernos que las implementan, deben rendir cuentas por las decisiones que toman estos sistemas. **Cuando un algoritmo falla**, las personas afectadas deben tener acceso a recursos legales y mecanismos de apelación efectivos.

Una parte crucial de este debate es el papel que asignamos a la IA en nuestras vidas. **¿Debe la IA sustituir a los humanos en las decisiones más importantes o simplemente colaborar con nosotros para mejorar nuestras capacidades?** Aquí es donde la ética entra en juego de manera crítica. Un futuro en el que las **máquinas** tomen decisiones **sin intervención humana** es profundamente problemático. No porque la IA sea malvada o defectuosa por naturaleza, sino porque **no tiene capacidad para comprender el contexto humano. No entiende de moralidad, ni de justicia, ni de empatía.**

En lugar de ver a la IA como una **sustituta del juicio humano**, deberíamos verla como una **colaboradora que potencia nuestras capacidades**. Una IA bien diseñada puede ayudar a los médicos a diagnosticar enfermedades de manera más precisa, pero la decisión final debe ser del médico, que comprende **el contexto humano y emocional** del paciente. De igual manera, los sistemas de IA pueden optimizar procesos en el sector legal o financiero, pero **las decisiones éticas** que afectan la vida de las personas no deben estar completamente en manos de una máquina.

Este enfoque colaborativo también implica que **los humanos** deben tener las habilidades y la **formación necesaria para trabajar junto a la IA**. La tecnología puede hacer cosas increíbles, pero si no sabemos cómo controlarla, cómo cuestionarla o cómo supervisarla, entonces estamos en peligro de convertirnos en **esclavos del código**, como ya hemos discutido. **La educación y la alfabetización digital** serán componentes clave para asegurarnos de que la IA se use de manera ética y efectiva.

Por último, **no podemos dejar este debate solo en manos de tecnócratas o CEOs** de grandes corporaciones. **La ética de la IA es una cuestión social**, no solo técnica. Las decisiones sobre cómo debe desarrollarse y usarse esta tecnología **afectan a todos**, desde las personas que viven en áreas rurales hasta los profesionales urbanos, desde los que tienen acceso a la última tecnología hasta los que apenas pueden conectarse a internet.

Esto significa que **toda la sociedad** debe estar involucrada en la conversación sobre el futuro de la IA. **Gobiernos, académicos, activistas, la sociedad civil y ciudadanos de a pie** tienen que tener un lugar en la mesa de discusión. **La transparencia y el acceso a la información** son esenciales para que las personas puedan participar de manera significativa en estas conversaciones. Necesitamos garantizar que las **voces de las minorías y los grupos vulnerables** sean escuchadas y que la IA se desarrolle de manera que **mejore la vida de todos**, no solo de una élite.

El futuro de la inteligencia artificial no está predeterminado. **Es un terreno en constante cambio** que está siendo moldeado por las decisiones que tomamos hoy. Si elegimos ignorar los problemas éticos y dejar que la IA avance sin supervisión, entonces nos enfrentamos a un futuro de **desigualdades amplificadas, vigilancia masiva y decisiones deshumanizadas**. Pero si tomamos un enfoque proactivo, si **priorizamos la ética sobre el**

La inteligencia artificial y la ética **pueden coexistir**, pero solo si nos comprometemos a hacerlo posible. No será fácil, y habrá muchas fuerzas en contra: las grandes corporaciones que priorizan el beneficio, los gobiernos autoritarios que buscan usar la tecnología para el control, y las inercias institucionales que prefieren evitar los debates éticos complejos. Pero este no es un debate opcional. **Es una obligación moral que define el futuro de nuestra sociedad.**

Si tomamos las decisiones correctas hoy, podemos construir un mundo en el que **la IA trabaje para todos nosotros**, donde la tecnología esté alineada con los valores humanos de **justicia, equidad y dignidad**. Pero si no lo hacemos, corremos el riesgo de ser arrastrados hacia un futuro en el que **la tecnología y la humanidad estén en conflicto**. **El futuro de la IA es el futuro de la humanidad**, y debemos asegurarnos de que ambos puedan coexistir de manera ética, justa y responsable.

Epílogo:
La IA No Es El Problema, Nosotros Sí

Llegamos al final. ¿Esperabas una conclusión tranquilizadora, algún tipo de revelación esperanzadora sobre el futuro de la IA? Bueno, me temo que te equivocaste de libro. Si hay algo que te debe haber quedado claro, es que no soy precisamente de las que suavizan la verdad. La inteligencia artificial no es el apocalipsis digital que tanto temen algunos, pero tampoco es esa varita mágica que las empresas tecnológicas te venden como solución a todos tus problemas. Si estás preocupado, déjame decirte algo: deberías estarlo. Pero no por la IA en sí, sino porque nosotros —sí, *nosotros*— no estamos preparados para manejarla con la responsabilidad que requiere.

No, no soy una escéptica tecnológica. Al contrario, he dedicado mi carrera a trabajar con IA, y sé de lo que es capaz. La IA puede transformar industrias, revolucionar el mundo de la medicina, incluso ayudarnos a combatir problemas globales como el cambio climático. Pero hay un pequeño detalle que siempre dejamos de lado: la tecnología, por sí sola, no arregla nada. Es la forma en que la usamos la que marca la diferencia. Y honestamente, si miras lo que estamos haciendo con ella ahora, no hay mucho motivo para ser optimista.

No le temo a los algoritmos. Lo que me preocupa es cómo estamos dejando que tomen decisiones críticas sin ningún tipo de supervisión. Es como si hubiéramos soltado a un niño en una tienda de dulces y le dijéramos que *todo está bien, siempre y cuando no rompa nada.* Solo que, en este caso, el "niño" es un sistema complejo que decide si te conceden un crédito, si te contratan o si terminas en la cárcel. Y cuando algo sale mal, todos nos encogemos de hombros y decimos: "Fue el algoritmo". Como si eso lo explicara todo, como si eso nos liberara de responsabilidad.

Aquí está la cruda verdad: la IA no es imparcial. Nunca lo fue. Ni lo será. ¿Por qué? Porque la inteligencia artificial es un espejo de quienes la programan y del mundo en el que se entrena. Los algoritmos aprenden de datos, y estos datos vienen de un mundo lleno de sesgos, desigualdades y malas decisiones humanas. Así que no, la IA no está tomando decisiones "justas", simplemente está replicando, amplificando y optimizando los errores que ya están incrustados en nuestro sistema.

Y aquí es donde entra mi verdadero escepticismo: no sobre la tecnología, sino sobre nuestra capacidad como sociedad para manejarla éticamente. Porque a este ritmo, estamos automatizando lo peor de nosotros mismos y, lo más grave, ni siquiera nos estamos dando cuenta.

¿Recuerdas cuando la IA iba a salvar el mundo? Iba a revolucionar la educación, erradicar la pobreza, resolver el cambio climático y, en general, hacer de este un lugar más justo. Lo que no te dijeron es que también iba a decidir que las mujeres no son aptas para trabajos de tecnología, que la gente de color es más propensa a reincidir en delitos y que tu acceso a un préstamo depende de qué tan bien encajas en un perfil predefinido por un montón de datos sesgados. La IA no está aquí para salvarnos. Está aquí para hacer lo que le dijimos que hiciera: ser eficiente. Pero, ¿eficiente en qué? En perpetuar el statu quo.

La gran ironía es que la IA *puede* ser una herramienta para el bien. Puede ayudarnos a resolver problemas complejos que ningún ser humano podría abordar solo. Pero, en lugar de eso, la estamos utilizando para optimizar la injusticia. Porque es más fácil y, claro, más rentable.

Y no me malinterpretes, no es que la IA sea "mala". No es ni buena ni mala. La IA es simplemente una herramienta, y como toda herramienta, depende de quién la use y para qué la use. El problema es que la estamos dejando en manos de quienes no tienen ningún incentivo para hacer lo correcto. Las grandes corporaciones la ven como una manera de reducir costos, de tomar decisiones sin tener que rendir cuentas. Los gobiernos la usan para automatizar la burocracia y, en algunos casos, para espiar a sus ciudadanos con mayor precisión. Y nosotros, los ciudadanos, simplemente estamos... aquí. Dejando que suceda.

Lo más frustrante de todo esto es que, a pesar de que la IA está claramente afectando nuestras vidas de maneras importantes, casi nadie entiende cómo funciona. Y eso incluye a los mismos que están encargados de regularla. ¿Cómo esperas regular algo que no entiendes? Spoiler: no puedes.

Así que aquí estamos, rodeados de máquinas que deciden por nosotros, con la ilusión de que todo esto está bajo control. Pero no lo está. Y mientras seguimos discutiendo si los robots nos van a robar los trabajos, lo que deberíamos estar preguntándonos es mucho más urgente: ¿quién se está asegurando de que estos sistemas no nos roben algo mucho más valioso que nuestros empleos? ¿Qué tal nuestra privacidad? ¿O nuestra capacidad de decidir por nosotros mismos?

Por eso insisto: no es la IA lo que debería preocuparte. Lo que deberías temer es la combinación de nuestra incompetencia y nuestra pereza moral para hacer algo al respecto. Mientras las empresas tecnológicas siguen vendiendo la fantasía de que los algoritmos son imparciales, nosotros, como sociedad, seguimos avanzando a ciegas, sin hacernos las preguntas difíciles. ¿Quién controla la IA? ¿Quién regula las decisiones que toma? ¿Quién se beneficia realmente de todo esto? Y lo más importante: ¿a quién le rendimos cuentas cuando algo sale mal?

El verdadero riesgo no es que los algoritmos se vuelvan más inteligentes que nosotros. El riesgo es que, en nuestro afán por optimizarlo todo, dejemos que decidan por nosotros, sin siquiera cuestionar el impacto. Y cuando despertemos, si es que lo hacemos, tal vez ya sea demasiado tarde.

Así que no, la IA no es el problema. El problema somos nosotros.

Un mensaje personal de Alice

Si has llegado hasta aquí, felicidades. No solo porque terminaste el libro (eso ya es una hazaña en estos tiempos de distracciones constantes), sino porque ahora sabes algo que muchos prefieren ignorar: la inteligencia artificial ya está controlando más de lo que crees, y no siempre para bien.

Pero aquí viene lo importante: *aún puedes hacer algo*. No te estoy diciendo que lances tu smartphone al río ni que te conviertas en un ermitaño digital. Lo que te estoy diciendo es que dejes de aceptar ciegamente lo que te dicen las grandes corporaciones tecnológicas. Cuestiona. Investiga. Exige transparencia. Si no entendemos la tecnología que está gobernando nuestras vidas, entonces nos convertimos en simples espectadores de nuestro propio futuro.

No soy una alarmista, pero tampoco soy ingenua. Sé que es posible usar la IA para hacer cosas increíbles, pero también sé que la responsabilidad de hacerlo bien recae en nosotros, en nuestra capacidad de exigir una ética que esté a la altura de la tecnología que estamos creando. No podemos seguir ignorando lo evidente: estamos a punto de perder el control, si es que no lo hemos perdido ya.

Así que, si este libro te ha dejado algo, espero que sea esto: no temas a la tecnología, pero nunca, *nunca*, dejes de cuestionar quién la controla.